Johannes Seng

Grundlagen pfingstlicher Spiritualität

Johannes Seng

Grundlagen pfingstlicher Spiritualität

Fromm Verlag

Imprint

Any brand names and product names mentioned in this book are subject to trademark, brand or patent protection and are trademarks or registered trademarks of their respective holders. The use of brand names, product names, common names, trade names, product descriptions etc. even without a particular marking in this work is in no way to be construed to mean that such names may be regarded as unrestricted in respect of trademark and brand protection legislation and could thus be used by anyone.

Cover image: www.ingimage.com

Publisher:
Fromm Verlag
is a trademark of
Dodo Books Indian Ocean Ltd. and OmniScriptum S.R.L publishing group

120 High Road, East Finchley, London, N2 9ED, United Kingdom
Str. Armeneasca 28/1, office 1, Chisinau MD-2012, Republic of Moldova, Europe
Printed at: see last page
ISBN: 978-613-8-37917-1

Inhaltsverzeichnis

Vorwort des Verfassers

Der pfingstliche Glaube/ die pfingstliche Spiritualität – so wie ich ihn verstehe als Teil der weltweiten Pfingstbewegung und als Teil einer BFP-Gemeinde – ist fundamental auf die Heilige Schrift (die Bibel) gegründet. Deshalb habe ich versucht, die klassisch Pfingstlichen Lehren mit möglichst vielen Bibelstellen zu untermauern - da sie ja auch im Grunde genommen mit der Bibel übereinstimmen - und auf Gott zu hören. Der klassisch pfingstliche Lehrsatz, dass die Geistestaufe an der Zungenrede erkannt werden kann steht zwar so nicht in der Bibel, kann aber aus der Pneumatologie des Lukas, der das Lukasevangelium und die Apostelgeschichte schrieb, herausgelesen werden. Wort und Geist müssen zusammenwirken und es ist Gnade, wenn wir uns IHM öffnen können. Ich glaube, wie die meisten Pfingstler auch, dass der Heilige Geist in allen auf der Bibel basierenden Kirchen und Gemeinden wirkt. Es ist mein Gebet, dass dieses Buch den Gläubigen im deutschsprachigen Raum ein gutes Fundament gibt, um im Glauben zu wachsen, Jesus Christus ähnlicher zu werden und in den Stürmen des Lebens auf Christus zu bauen. Gott ist gut, er hat mich bei über 400 Heilungen dabei sein lassen (meistens nur Kopf- oder Rückenschmerzen, oder Schluckauf, Zahnweh oder ungleichlange Arme oder Beine, die gleich lang wurden, aber auch andere Sachen: ich hab Leute gesehen, die von Süchten frei wurden, die wieder neuen Lebensmut gefunden haben, Hoffnung, Glaube, Liebe, Annahme, Heilungen von verwundeten Herzen) ich bin jetzt ca 18 Jahre Christ. Jesus heilt. Aber es ist nicht wichtig was Jesus gestern getan hat, es ist wichtig, was Gott heute tun will und was er durch dich und mit dir tun will. Wir müssen mit dem Heiligen Geist zusammenarbeiten um die Menschen mit dem Evangelium zu erreichen und Gott und den Nächsten zu lieben. Das Evangelium ist die Frohe Botschaft.

Die Bibelstellen sind (wenn nicht anders angegeben) der Elberfelder Bibel von 2006 entnommen, da diese Übersetzung sehr urtextnah ist.

Kapitel 1: Lehre über Gebet und Befreiung von Okkultismus und Sektentum

Wahres, ernsthaftes Gebet kann die Schleusen des Himmels öffnen und dient dazu, das Reich der Himmel unter uns wohnen zu lassen. Jesus Christus lehrt die Jünger im „Vater unser" zu beten: „Dein Reich komme, dein Wille geschehe, wie im Himmel so auch auf Erden."

Wahres Gebet geschieht nicht, um „gesehen zu werden", also um von den Menschen anerkannt zu werden (unsere Anerkennung kommt einzig und allein von ihm), bzw. um die Frömmigkeit nach außen zu tragen, sondern „im stillen Kämmerlein". Auch wenn das öffentliche Bekenntnis zu Jesus Christus fundamental wichtig ist: „Jeder nun, der sich vor den Menschen zu mir bekennen wird, zu dem werde auch ich mich bekennen, vor meinem Vater, der in den Himmeln ist. Wer mich aber verleugnen wird vor den Menschen, den werde ich auch verleugnen vor meinem Vater, der in den Himmeln ist." (Mt 10:32-33) Jesus sagt:" Wenn du aber betest, so gehe in deine Kammer und wenn du deine Tür geschlossen hast, bete zu deinem Vater, der im Verborgenen ist..." Und dein Vater, der im Verborgenen ist, wird dir vergelten." Das steht in Mt 6:5-8. Das „Vater unser" steht in Mt 6:9-14. Gebet kann aber auch gemeinsam als Gebet der Gemeinde geschehen:

„Als sie aber entlassen waren, kamen sie zu den Ihren und verkündigten alles, was die Hohen Priester und die Ältesten zu ihnen gesagt hatten. Sie aber, als sie es hörten, erhoben EINMÜTIG ihre Stimme zu Gott und sprachen: Herrscher, du der du den Himmel und die Erde und das Meer gemacht hast und alles, was in ihnen ist... Gib deinen Knechten, dein Wort mit aller Freimütigkeit zu reden; in dem du deine Hand ausstreckst zur Heilung, dass Zeichen und Wunder geschehen durch den Namen deines heiligen Knechtes Jesus. Und als sie gebetet hatten, bewegte sich die Stätte, wo sie versammelt waren; und sie wurden alle mit dem Heiligen Geist erfüllt und redeten das Wort Gottes mit Freimütigkeit."

Gebet ist unter anderem auch geistliche Kriegsführung gegen Satan und seine Dämonen. Dämonen sind gefallene Engel, die Satan bei seiner Rebellion gegen Gott mitnahm. Offenbar sind es ein Drittel der Engel Gottes, wie wir Offb 12:4.9 nachlesen können.

Dämonen sind körperlose Wesen, die Besitz von einem Menschen oder von Tieren (vgl. die Bibelstelle, wo Jesus die Bitte der Dämonen erfüllt und sie aus dem Besessenen in die Herde Säue fahren lässt) nehmen können. Es kann zwischen Anfechtung, dämonischer Belastung und Besessenheit unterschieden werden. Bei der Anfechtung versucht Satan uns Christen aus dem Schutz Gottes, des Vaters, des Sohnes und des Heiligen Geistes zu locken, damit er uns dann in Verdammnis führen kann.

Bei der dämonischen Belastung versucht Satan uns mit falschen Lehren in eine Dämonische Bindung hineinzuführen. Falsche Lehren sind alle Philosophien, Lehren oder Weltanschauungen, die der Bibel widersprechen.

JEDE LEHRE, DIE NICHT DAS KREUZ VON GOLGATHA ZUM ZENTRUM HAT; MUSS ALS DÄMONISCH ZURÜCKGEWIESEN WERDEN!!!

Dazu gehören Reiki (Geistheilungen, die nicht durch die Kraft des Heiligen Geistes geschehen, da sie nicht Jesus Christus als Herrn anerkennen und nicht das Evangelium verkünden. Außerdem wird bei Reiki durch Energien „geheilt", was eine Rebellion gegen das erste Gebot darstellt), Transzendentale Meditationen, Heiligenverehrung (nur der Dreieinige Gott der Bibel darf angebetet werden: „ und Gott redete all diese Worte und sprach: Ich bin der Herr, dein Gott, der ich dich aus dem Land Ägypten, aus dem Sklavenhaus, herausgeführt hat. Du sollst keine anderen Götter neben mir haben. Du sollst dir kein Götterbild machen, auch keinerlei Abbild, dessen, was oben im Himmel oder was unten auf der Erde oder was im Wasser unter der Erde ist. Du sollst dich vor ihnen nicht niederwerfen und ihnen nicht dienen. Denn ich, der Herr, dein Gott, bin ein eifersüchtiger Gott, der die Schuld der Väter heimsucht an den Kindern, an der dritten und vierten Generation von denen die mich hassen, der aber Gnade erweist an Tausenden von denen, die mich lieben und meine Gebote halten."2.Mose 20:1-6) in diesem Punkt weiß ich mich ganz klar dem protestantischen Teil der Christenheit verpflichtet. Weitere Lehren. die dem Gesamtzeugnis der Schrift widersprechen sind: Neuapostolische Kirche (Sie geben der Lehre ihrer neuen Apostel den Vorrang gegenüber dem geoffenbarten Wort Gottes, der Heiligen Schrift, wie es im Übrigen die Katholische Kirche auch tut: Sie beruft sich auf die kirchliche Tradition, der sie den Vorrang vor dem Geschriebenen Wort Gottes, der Bibel gibt, was sich unter anderem in der Marienverehrung manifestiert. In der Bibel steht nirgends, dass wir Maria anbeten noch, dass wir verstorbene Heilige um etwas bitten sollen. Der eine Fall, wo Maria bei der Hochzeit zu Kana zu Jesus sagt: „Sie haben keinen Wein mehr." Und Jesus Christus spricht sie ziemlich schroff an und sagt: „Was habe ich mit dir zu schaffen, Frau? Meine Stunde ist noch nicht gekommen." Maria spricht dann zu den Dienern: „Was er euch sagt, tut..." und daraufhin geschah die wunderbare Verwandlung von Wasser zu Wein, ist nicht als generelle Aufforderung zu verstehen, zu bereits verstorbenen Heiligen zu beten. Ebenso ist auch das Wort, dass Jesus an Maria richtet, als er am Kreuz auf Johannes deutet und sagt: „Siehe dein Sohn!" und als er auf Maria deutet und zu dem Apostel Johannes sagt: „Siehe deine Mutter!" (in

Joh 19:26-27) nicht so auszulegen, wie es einige röm. – katholische Theologen tun: nämlich, dass sie sagen: Johannes wäre die Kirche und Jesus Christus hätte die Gemeinde Maria anvertraut. Ganz im Gegenteil: Christus ist das Haupt der Gemeinde und wird sie Gott, dem Vater übergeben am Ende der Tage – zu seiner Ehre), Mormonen (Kirche Jesu Christi, der Heiligen der Letzten Tage - sie lassen neben der Bibel noch das Buch „Mormon" gelten, das sie auch als „Heilige Schrift" anerkennen, von dem ich mich ganz klar distanziere). Jede Form von Esoterik, Astrologie, Karten legen (auch Engelkarten: Gottes Engel lassen sich nicht beschwören), Totengeister beschwören, weißer und schwarzer Magie, Voodoo, 6. und 7. Buch Mose (das sind Zauberbücher) Hexerei, Ahnenkult, Wicca, Neuheidentum, das Verehren von Germanischen Gottheiten, Keltentum, die chinesische Sekte „Church of the Allmighty God, die glauben, dass Jesus Christus in einer chinesischen Frau wiedergeboren sei, Scientology, Hare Krishna, Theosophie, Anthroposophentum, Ägyptische Mythologie, Baghwan, Handlinien lesen, Kristallkugel geistlich benutzen, Sufismus, Heilsteine, Traumfänger, magische Amulette, Akkupunktur, Astralreisen, Glückskekse, TCM (traditionelle chinesische Medizin), Thai Chi, Karate, fernöstliche Meditationstechniken, Autogenes Training („du atmest nicht mehr selbst, es atmet dich") Hypnose, Homöopathie (alle Kräuter und Pflanzen sind von Gott erschaffen worden, zu unserer Nahrung und auch, um Schmerzen zu lindern und Krankheiten zu kurieren. Homöopathische Arzneimittel sollen laut Internet beim Menschen wirken indem sie ganz geringe Dosen von Wirkstoffen, die beim gesunden Menschen Krankheitssymptome auslösen, benutzen), Buddhistische Praktiken dienen der Selbsterlösung und sind als Widergöttlich abzulehnen, da das Heil nur in Christus zu finden ist! Die Zeugen Jehovas lehnen die Dreieinigkeit ab und sind somit ebenfalls eine widergöttliche Lehre, da sie Jesus Christus nur als Geschöpf verstehen, obwohl in Johannes 1:1-4 steht: „Im Anfang war das Wort, und das Wort war bei Gott, und das Wort war Gott. Dieses war im Anfang bei Gott. Alles wurde durch dasselbe, und ohne dasselbe wurde auch nicht eins, das geworden ist. In ihm war Leben, und das Leben war das Licht der Menschen (später steht noch, dass das Wort Fleisch wurde, und unter uns gewohnt hat, und dass Jesus Christus das Wort ist)", der Islam lehnt auch die Göttlichkeit Jesu ab und praktiziert ebenfalls eine Errettung aus Werken. Diese Dinge sind dämonische Sünden, bzw Lehren, die der Bibel widersprechen und die uns deswegen auslaugen, Okkulte Bindungen können - vor allem im Bereich der Hexerei – zu okkulter Belastung führen, was sich bis zu einer Besessenheit auswachsen kann! Nicht selten fangen Leute, die so etwas tun, auf einmal an, Dinge zu sehen, die nicht da sind oder schwarze Schatten, die einen verfolgen oder schlimmer noch: Der dämonische Geist/die dämonische Bindung geht auf die Kinder über!!! Aber die gute Nachricht ist:

Jesus Christus befreit! Wir müssen nur Buße tun. Von Herzen zu Gott umkehren! Unser Leben mit Gott und dem Nächsten bereinigen. Dann werden wir erleben, wie sich der Himmel öffnet und Segen auf uns und unsere Familien fließt. Gott ist der Gott Abrahams, Isaaks und Jakobs. Und wenn er so ein Schlitzohr wie Jakob segnen konnte, kann er das auch bei dir tun.

Eph 1:3:" Gepriesen sei der Gott und Vater unseres Herrn Jesus Christus! Er hat uns gesegnet mit jeder geistlichen Segnung in der Himmelswelt."

„Denn unser Bürgerrecht ist in den Himmeln, von woher wir auch den Herrn Jesus Christus als Retter erwarten, der unseren Leib der Niedrigkeit umgestalten wird und seinem Leib der Herrlichkeit gleichförmig machen wird, nach der wirksamen Kraft, mit der er vermag, auch alle Dinge sich zu unterwerfen"(Phil. 3:20-21).

Gebet ist - wie schon gesagt - ein Leben aus der Erkenntnis Gottes heraus, indem wir durch Gebet das Himmelreich auf die Erde holen: Unser Vater im Himmel, geheiligt werde dein Name, dein Reich komme, dein Wille geschehe, WIE IM HIMMEL, SO AUF ERDEN. Denn Gott hat uns mit jeder geistlichen Segnung in der Himmelswelt gesegnet.

DAS HIMMELREICH AUF DIE ERDE HOLEN; HEISST DEN TEUFEL AUF JEDE MÖGLICHE ART ZU BEKÄMPFEN.

„Unser Kampf ist nicht gegen Fleisch und Blut, sondern gegen Mächte und Gewalten, gegen die Weltbeherrscher dieser Finsternis" (Eph 6:12). Dies tun wir indem wir Jesus Christus als Sohn Gottes, Fleischgewordenes Wort Gottes, das unter uns lebte in allem versucht wurde wie wir Menschen, doch ohne Sünde war, von einer Jungfrau geboren wurde, wahrer Mensch und wahrer Gott zugleich war und eins mit Gott, dem Vater und Gott, dem Heiligen Geist und durch den Heiligen Geist empfangen wurde, verkündigen. Er litt unter Pontius Pilatus, wurde gekreuzigt am Kreuz von Golgatha. Als er starb verdunkelte sich der Himmel und die Erde bebte. Viele verstorbene Heilige wurden auferweckt (Mt 27:52-53). Er stieg hinab ins Reich des Todes. Am dritten Tage ist er auferstanden, zeigte sich über 500 Personen nach seiner Auferstehung als der Lebendige mit seinen Wundmalen. Die Jünger erkannten ihn. Thomas erkannte ihn. Dann fuhr er auf in den Himmel und setzte sich zur Rechten Gottes des Vaters. Von dort sandte er - gemeinsam mit Gott dem Vater, dem Allmächtigen, dem Schöpfer des Himmels und der

Erde, der alles Seiende durch Jesus Christus, der ja, wie gesagt. das Wort Gottes ist, ins Sein rief, während der Geist Gottes, der Heilige Geist, über den Wassern schwebte – seinen Heiligen Geist, den von Jesus Christus verheißenen Beistand, Tröster (griech. Paraklet), der uns in alle Wahrheit leitet, die Welt von Sünde, Gerechtigkeit und Gericht überführt („Die Sünde der Welt ist: dass sie nicht an Jesus Christus, das fehlerlose Lamm Gottes glauben, die Gerechtigkeit ist: dass Jesus Christus zum Vater geht und das Gericht ist: dass der Fürst dieser Welt gerichtet ist"- Joh 16:8-11) und die Gläubige Schar der Jünger, die sich im Obersaal zusammen zum anhaltenden Gebet trafen (und mit „anhaltend" meine ich anhaltend: Die Gebetsgemeinschaft im Obersaal öffnete durch ihr Gebet eine Tür dafür, dass sie so vertraut mit dem Heiligen Geist waren, dass das Pfingstereignis möglich wurde. Nur in einer Haltung von Gebet kann Erweckung geschehen und nur so kann eine Erweckung am Leben gehalten werden), mit Mut und Kühnheit, mit dem rechten Wort zur rechten Zeit, mit dem „Geist der Weisheit und der Offenbarung" und mit Kraft zum Dienst für Gott befähigt. Pfingsten war die Geburtsstunde der Christlichen Kirche! Der Heilige Geist kam auf die Jünger und sie redeten in anderen Sprachen, wie sie ihnen der Geist gab, auszusprechen. Das Zungenreden - eine Gnadengabe, die den Beter beim Gebet unterstützt, wenn man nicht weiß, was man beten soll (Röm 8:26-28) und die einen auf Gott ausrichtet – wurde im urchristlichen Gottesdienst als Gnadengabe verwandt, um Gemeinsam mit der Gabe der Auslegung der Zungenrede die Gemeinde (1. Kor 14:26), oder einzelne oder sich selbst zu erbauen. Paulus schätzte diese Gabe sehr für das persönliche Gebet („ich rede mehr in Zungen als ihr alle") korrigierte aber missbräuchliches Verhalten, wie zb lautes Zungengebet und durcheinander beten, wenn Unkundige in den Gottesdienst kommen sollten. Die Bibel spricht von mindestens neun Gnadengaben (sie stehen alle in 1. Kor 12, später werde ich noch näher darauf eingehen), die dem Aufbau und Wohl der Gemeinde, mit Jesus Christus als Haupt und uns Christen als seiner mit geistlichen Gaben befähigten Glieder dienen. In der Bibel wird unterschieden zwischen dem Leib Christi als Gesamtheit aller Gläubigen und der Ortsgemeinde. Das griechische Wort für Gemeinde „ekklesia" bedeutet eigentlich „die Herausgerufenen" und meint die aus Welt und Sünde herausgerufenen Kinder Gottes, die durch das Blut des Lammes reingewaschen wurden und Jesus Christus als Herrn anerkennen. Also Ihm durch Buße und Umkehr das Leben anvertraut haben. Das macht man, indem man ein Lebensübergabegebet spricht, wie dieses: „Herr Jesus Christus, ich bin ein Sünder. Ich habe versucht ohne dich zu leben. Ich habe es nicht geschafft. Bitte vergib mir meine Sünden und hilf mir gegebenenfalls Wiedergutmachung zu leisten. Ich sage mich los von Satan und seinen Dämonen, sowie jeglicher Form von Okkultismus, Zauberei, Yoga, Aberglauben, Wasseradern suchen mit Wünschelrute, Pendeln, Wahrsagen, usw. (weiter oben habe ich weitere okkulte Sünden aufgezählt) und bekenne mich vor der sichtbaren und vor der unsichtbaren Welt zum Dreieinigen Gott der Bibel. Ich sage mich auch los von jeglicher, okkulter Schuld, die durch meine Vorfahren auf mich übergegangen ist und bete, dass du auch meine Familie von jeglicher, okkulter Belastung freisetzt. Herr Jesus Christus, ich will dir nachfolgen, wie auch immer du mich führst. Ich lasse mich als Zeichen meiner Umkehr (als Gehorsamsschritt) taufen, gebe mein altes Leben ohne Gott symbolisch in den Tod und werde mit Christus wieder auferstehen. Herr Jesus bitte taufe/ erfülle mich mit dem Heiligen Geist und rüste mich zum Dienst aus, damit ich einer gefallenen Welt in deiner Liebe und deiner Kraft dienen kann und so viel Menschen wie möglich aus den Ketten des Teufels - im Geist der Kraft und Liebe und Besonnenheit und aller nötigen Weisheit - befreien kann. Amen"

Nicht jedes Gebet wird gleich beantwortet aber dieses schon: Manchmal will Gott unseren Glauben testen. Er will wissen, ob wir dranbleiben im Gebet. Manchmal müssen wir erst eine falsche Haltung korrigieren. Aber grundsätzlich lässt sich feststellen: Gott, der Herr, der Schöpfer des Himmels und der Erde, kann Wege schaffen, wo keine sind (wie bei den Israeliten, der Durchzug des Roten Meeres), bei Gott ist absolut gar nichts unmöglich. Aber Gott hat uns sein Wort, seine Gebote nicht umsonst gegeben. Sie sind wie ein Schutzwall gegen Satan. Er kann uns nicht gefährlich werden, wenn wir unter dem Schutz des Blutes Jesu sind, also Jesu Christi stellvertretenden Sühnetod am Kreuz von Golgatha für uns im Glauben in Anspruch nehmen „Sie überwanden ihn (Satan) durch des Lammes Blut und durch das Wort ihres Zeugnisses und haben ihr Leben nicht geliebt bis hin zum Tod."(Offb 12:11) Wie die Israeliten, die bei der letzten Plage das Blut eines einjährigen Lammes an die Türpfosten strichen und der Todesengel ging vorüber. Die Gerechtigkeit wird in Eph 6 als unser Brustpanzer beschrieben und gerechtfertigt „werden wir aus Gnade durch Glauben". D.h. Werke machen uns nicht gerecht vor Gott, sondern der Glaube an Christus oder in „Christus hinein." Aber gute Taten sollen der Errettung folgen, denn „der Glaube ohne Werke ist tot!" Jesus Christus wurde mal gefragt, welches Gebot denn das Wichtigste sei, „er aber sprach zu ihm: >>Du sollst den Herrn, deinen Gott, lieben mit deinem ganzen Herzen und mit deiner ganzen Seele und mit deinem ganzen Verstand.<< Dies ist das größte und erste Gebot. Das zweite aber ist ihm gleich: >>Liebe deinen Nächsten wie dich selbst<<. An diesen beiden Geboten hängen das ganze Gesetz und die Propheten (die ganze Bibel)." Das steht in Mt 22:34-40.

Welche Hindernisse gibt es beim Beten? Also erst mal wäre da unbereinigte Schuld zu nennen. Sünde, die nicht bekannt und somit vor das Kreuz gebracht wurde, ist einer der Hauptgründe für nicht erhörtes Gebet.

Ein weiterer Grund sind nicht geklärte Beziehungen. Jesus sagt, dass wenn du dein Opfer darbringen willst und dir unterwegs einfällt, dass dein Bruder etwas gegen dich hat, du zu aller erst zu deinem Bruder gehen und dich mit ihm versöhnen sollst. Dann kannst du zum Altar gehen und etwas opfern. (Mt 5:23-24)

Dann wäre da noch mangelnder Glaube zu nennen. In Hebr 11:1-3 steht: „Glaube ist die Substanz dessen, was man hofft, ein Überführt sein von Dingen, die man nicht sieht. Denn durch ihn haben die Alten Zeugnis erlangt. Durch Glauben verstehen wir, dass die Welten durch Gottes Wort bereitet worden sind, sodass das Sichtbare nicht aus Erscheinendem geworden ist." Man könnte auch sagen: Glaube ist Vertrauen, dass Gott seine Verheißungen erfüllt. Jesus Christus sagt aber auch: „Wenn euer Glaube auch nur so groß ist, wie ein Senfkorn (der damals Kleinste bekannte Same), so werdet ihr zu diesem Berg sagen: Heb dich weg von hier dorthin, und er wird sich hinwegheben. Und nichts wird euch unmöglich sein." (Mt 17:20-21).

Jakobus sagt in Jak 1:5-8:"Wenn jemand unter euch Weisheit mangelt, so bitte er Gott, der allen willig gibt und keine Vorwürfe macht, und sie wird ihm gegeben werden. Er bitte aber im Glauben, ohne irgend zu zweifeln, denn der Zweifler gleicht einer Meereswoge, die vom Wind bewegt und hin und her getrieben wird. Denn jener Mensch denke nicht, dass er etwas vom Herrn empfangen wird, ist er doch ein wankelmütiger Mann, unbeständig in allen seinen Wegen."

„Ohne Glauben aber ist es unmöglich, ihm wohlzugefallen, denn wer Gott naht, muss glauben, dass er ist und dass er denen, die ihn suchen, ein Belohner sein wird." (Hebr 11:6)

Ich müsste da noch die Unbereitschaft zu vergeben erwähnen: Wer anderen nicht vergibt kann auch nicht erwarten, von Gott etwas zu bekommen! „Selig sind, die reinen Herzens sind, denn sie werden Gott schauen

Mt 6:15:" Wenn ihr aber den Menschen nicht vergebt, so wird auch euer himmlischer Vater eure Vergehungen nicht vergeben."

Grundsätzlich gilt: „Wer bittet, dem wird gegeben. Wer sucht, der wird finden. Wer anklopft, dem wird aufgetan." und „Wenn ihr in mir bleibt und meine Worte in euch bleiben, so werdet ihr bitten, was ihr wollt und es wird euch geschehen." (Joh 15:7)

Das Feuer des Heiligen Geistes, der ein Geist des Gebets und des Flehens zu Gott ist und Teil der Dreieinigkeit Gottes, dient dazu, uns zu reinigen. Möge heiliges Feuer auf den Altären unserer Herzen lodern und alles, was nicht von Gott ist, verbrennen. Die Jünger versammelten sich im Obersaal und streckten sich nach dem Feuer Gottes aus, bis der Heilige Geist mächtig wirkte und das Pfingstwunder geschah. Das wichtigste ist anhaltendes Gebet, dass Gott mächtig wirkt und von seinem Geist auf alles Fleisch ausgießt. Möge der Herr uns zu einem Tempel des Gebets machen, wo wir alles, was am Tag so anfällt, mit Gott besprechen („Demütigt euch nun unter die mächtige Hand Gottes, damit er euch erhöht zur rechten Zeit, in dem ihr all eure Sorgen auf ihn werft! Denn er ist besorgt für euch. Seid nüchtern und wacht! Euer Widersacher, der Teufel, geht umher wie ein brüllender Löwe und sucht, wen er verschlingen kann. Dem widersteht standhaft durch den Glauben, da ihr wisst, dass dieselben Leiden sich an eurer Bruderschaft in der Welt vollziehen!" 1. Petr 5:6-9) und möge seine heilige Flamme mächtig in uns lodern. Mögen wir uns nach mehr von Gott ausstrecken und die weltlichen Freuden, Triebe und Lüste nicht mehr zum Ziel unseres Lebens machen! „Wenn nun der Sohn euch frei machen wird, so werdet ihr wirklich frei sein!" (Joh 8:36)

„Mir aber sei es fern, mich zu rühmen als nur des Kreuzes unseres Herrn Jesus Christus, durch das mir die Welt gekreuzigt ist und ich der Welt." (Gal 6:14)

„Die aber Jesus Christus angehören, haben das Fleisch samt den Leidenschaften und Begierden gekreuzigt." (Gal 5:24)

Das Kreuz ist der Dreh- und Angelpunkt der gesamten Weltgeschichte. Dort auf Golgatha traf ihn unser aller Schuld. Gott versöhnte die gefallene Menschheit mit sich, indem Er selbst Mensch wurde und unser aller Schuld auf sich nahm. „Ohne Blutvergießen kann es keine Vergebung geben" (Hebr 9:22)

Seitdem ist es möglich, dass wir allein aus Gnade durch den Glauben an Jesus Christus gerechtfertigt werden können. Er ist der Löwe vom Stamme Juda, das Lamm Gottes, das der Welt Sünde trug, das Alpha und das Omega (der Anfang und das Ende), der Menschensohn, der Wiederkommen wird um die Lebenden und die Toten zu richten. Er ist die Tür zu den Schafen. Alle, die vor ihm kamen und die, die nach ihm kommen werden sind Diebe und Räuber (außer natürlich die biblischen Propheten, durch die wir das Alte Testament haben und alle, die dem Glauben gemäß gelebt haben vor Christus, d. h. Auf Jesus hin oder nach Christus, d. h. In ihn hinein). Er ist der gute Hirte, der sein Leben gibt für die Schafe. Er ist die Auferstehung und das Leben. Er ist eins mit Gott, dem Vater, dem Ursprung von allem was Vater genannt wird auf Erden - dem Schöpfer des Himmels und der Erde.

Jesus Christus spricht: „Ich bin der Weg, die Wahrheit und das Leben. Niemand kommt zum Vater als nur durch mich!" Er ruft dich!!! Er sagt dir heute:" Komm und Folge mir nach!" Verlasse dein altes Leben. Komm aus der Dunkelheit in seine heilige Gegenwart, ins Licht. Er liebt dich! Er allein kann dir das geben, was du schon dein ganzes Leben suchst. Er ist der Bräutigam und du bist die Braut. Er wartet auf dich! Er sagt:" Komm zu mir, Ich werde dir Leben geben, Leben in Fülle." „Kommt her zu mir, die ihr mühselig und beladen seid, ich will euch erquicken." (Mt 11:28) Lass Jesus jetzt in dein Herz! Er erhört dein Gebet. Der Heilige Geist drängt sich nicht auf. Er respektiert deinen freien Willen! Er kommt nur in dein Leben, wenn du ihn hineinlässt.

Dann baut er dich wieder auf, gießt Öl in deine Wunden, heilt dein Herz. Stellt dich wieder her. Dann werden alle sehen, auch die, die über dich gelacht haben, dass du ein Kind des Höchsten bist und das Gott für dich streitet. Schließ dich einer Christlichen Gemeinde an, die das ganze Wort Gottes verkündigt. Ich bin Teil einer FCG, einer Freien Christengemeinde. Sie ist wiederum eine evangelische Freikirche im Bund Freikirchlicher Pfingstgemeinden Kdör und einer Gemeinde der Volksmission entschiedener Christen. Wir sind bibelgläubige Christen, die versuchen, Jesus Christus der Bibel gemäß nachzufolgen und sind Teil der Weltweiten Christenheit. Wir glauben an göttliche Heilung und die Gaben des Heiligen Geistes, die dazu gegeben sind, um die Gemeinde, den Leib Christi aufzuerbauen und bibeltreue christliche Gemeinden und Kirchen zu bauen. Christliche Gemeinden sind dafür da, geistlich zu wachsen, innere und äußere Heilung zu empfangen und Teil zu haben am Wort Gottes und am Abendmahl. Zum Thema Abendmahl steht in 1. Kor 11:23-29: „Denn ich habe vom Herrn empfangen, was ich auch euch überliefert habe, dass der Herr Jesus in der Nacht, in der er überliefert wurde, Brot nahm und, als er gedankt hatte, es brach und sprach: Dies ist mein Leib, der für euch ist; dies tut zu meinem Gedächtnis! Ebenso auch den Kelch nach dem Mahl und sprach: Dieser Kelch ist der neue Bund in meinem Blut, dies tut, sooft ihr trinkt, zu meinem Gedächtnis! Denn sooft ihr dieses Brot esst und den Kelch trinkt, verkündigt ihr den Tod des Herrn, bis er kommt. Wer also unwürdig (dh in einer respektlosen Weise) das Brot isst oder den Kelch des Herrn trinkt, wird des Leibes und des Blutes des Herrn schuldig sein. Der Mensch aber prüfe sich selbst, und so esse er von dem Brot und trinke von dem Kelch." In einer Pfingstlich-Charismatischen Gemeinde ist man offen für spontane Wirkungen des Heiligen Geistes. Es kann sein, dass jemand – vielleicht auch du – ein prophetisches Wort, Bild oder einen anders gearteten prophetischen Eindruck bekommt. Den kannst du dann nach kurzer Prüfung durch die Gottesdienstleitung vorne sagen, wenn die Gottesdienstleitung ihr ok gibt, damit die Gemeinde erbaut, ermutigt oder getröstet wird. Prophetie kann auch Korrektur beinhalten aber für den Anfang erst mal Gottes Liebe kennenlernen.

Dabei gilt es Gnade vor Recht ergehen lassen. Die Liebe rechnet Böses nicht zu! „Die Liebe ist geduldig, ist gütig, sie neidet nicht (auch nicht auf eines Anderen Dienst oder Gabe, wobei man aber nach den Geistesgaben eifern soll! Der Gott. der in der Gemeinde wirkt sorgt schon dafür, dass jeder seine geistlichen Erfolgserlebnisse macht, aber er sorgt auch dafür, dass wir uns nicht überheben), sie tut nicht groß, sie bläht sich nicht auf, sie benimmt sich nicht unanständig, sie sucht nicht das Ihre, sie lässt sich nicht erbittern, sie rechnet Böses nicht zu, sie freut sich nicht an der Ungerechtigkeit, sondern sie freut sich mit der Wahrheit." (1. Kor 13:4-7) Prophetie muss dem christlichen Glauben gemäß sein, also mit der Heiligen Schrift, der Bibel übereinstimmen und darf den christlichen Glauben nicht verzerren. Prophetie ist immer Erbauung, Ermahnung und Tröstung und verherrlicht den Dreieinigen Gott der Bibel. Jedes prophetische Wort, dass der Bibel widerspricht muss verworfen werden. Wort und Geist müssen zusammenwirken. „So kommt der Glaube aber durch die Predigt, die Predigt aber durch das Wort Christi (Röm 10:17)."„Die Heilige Schrift ist unfehlbar in allen Fragen des Glaubens, des Lebens und der Ehe (zwischen Mann und Frau, homosexuelle Praktiken werden in der Bibel – auch im Neuen Testament – mit Götzendienst in Verbindung gebracht und deutlich verurteilt, wie man an Sodom und Gomorrha sehen kann. Jetzt ist Gnadenzeit also man kann noch Buße tun und zu Gott umkehren. Luther sagte mal, man kann nichts dagegen tun, dass die Vögel (die sündigen Gedanken) um den Kopf herumfliegen, aber man kann etwas dagegen tun, dass sie Nester bauen. Joyce Meyer hat über den geistlichen Kampf in unserem Verstand – dass man selbst die Verantwortung hat, ob man Gottes oder Satans Gedankengängen in seinem Verstand zulässt bzw Raum gibt. Gottes Gedanken bewirken Frieden und Heilung und Befreiung, Satans Gedanken Hass, Neid, Gier – ein Buch geschrieben mit dem Titel: „Das Schlachtfeld der Gedanken"). In der Bibel wird Sex nur in der Ehe praktiziert „und darum wird ein Mann Vater und Mutter verlassen und seiner Frau anhangen und die beiden werden zu einem Fleisch werden." (1. Mose 2:24) Eine Scheidung ist nur dann legitim, wenn es wiederholt zu Ehebruch gekommen ist und wenn man die Frau oder den Mann - der Ehebruch begangen hat - wiederholt zur Buße aufgerufen hat (auch vor Zeugen und der Gemeinde). Man soll aber auch Raum zur Buße geben. Also die Person, die Ehebruch begangen hat, nicht steinigen, sondern „Wer ohne Sünde ist, werfe den ersten Stein." Aber wenn sie nicht Buße getan hat, auch nicht nachdem man sie oder ihn vor Zeugen und der Gemeinde darauf hingewiesen hat, dass das Sünde ist, dann sei sie oder er für dich nichts weiter „als ein Heide oder ein Zöllner

(Mt 18:17)".

„Jede Sünde ist außerhalb des Leibes, wer aber Unzucht betreibt, sündigt gegen den eigenen Leib."

Deswegen gehört Sex in die Ehe und ist von Gott auch gewollt. Auch da ja Sex zu Kindern führen kann und ja auch u. a. dafür da ist, damit Kinder entstehen können und diese ja ein stabiles Umfeld brauchen und damit sich keine Geschlechtskrankheiten ausbreiten, habe jeder Mann seine eine Frau und jede Frau ihren einen Mann. Der Mann leiste der Frau die eheliche Pflicht und ebenso umgekehrt. In der Bibel steht auch im Zusammenhang von ehelichen Pflichten „entzieht euch einander nicht, es sei denn nach Übereinkunft eine Zeitlang, damit ihr euch dem Gebet widmet und dann wieder zusammen seid, damit der Satan euch nicht versucht, weil ihr euch nicht enthalten könnt." (1.Kor 7:5) Es gibt aber auch die Gnadengabe der Ehelosigkeit (wie z. B. Paulus, der für Gott auf eine Ehe verzichtete). Darunter versteht man die von Gott gegebene Gabe eine Zeitlang oder ein ganzes Leben auf die Beziehung /Ehe mit einer Frau zu verzichten, um mehr Zeit für Gott zu haben zum Gebet, zum Bibelstudium, zum Lobpreis, zur Evangelisation / der Verkündigung der Frohen Botschaft.

Kapitel 2: Das Evangelium verkünden

„Der Menschensohn ist gekommen, zu suchen und zu retten, was verloren ist." (Luk 19:10) Jesus Christus kam nicht um Gerechte zu rufen, sondern Sünder, die Gott noch nicht kannten, oder von den Umständen des Lebens so am Boden waren, dass sie nicht mehr glauben konnten. Den Heroinsüchtigen, den Prostituierten, den Glücksspielbetreibern. Er bot ihnen ein neues Leben an. Und das tut er noch heute: Er lädt dich ein, zu ihm zu kommen. Deinem Schöpfer. schütte ihm dein Herz aus. Vergib denen, die an dir schuldig geworden sind. Halte die linke Wange hin. Lebe den Leuten Gottes Liebe vor. Stelle deine Frömmigkeit nicht zur Schau, aber verschweige sie auch nicht. „Die letzten werden die ersten sein." Gott sieht ins Verborgene, in dein Herz. Tust du deinen Dienst wirklich in der Freude Gottes oder will Gott tiefer in dein Leben sprechen. Lässt Gott Leid in deinem Leben zu, um das Gold von der Schlacke zu trennen? Wenn Kohlenstoff unter Druck gerät, entstehen Diamanten. Gott ist unser Vater durch Christus Jesus! Er liebt uns so sehr. Die Schlacke in unserem Leben, das sind die vielen Kompromisse, die wir eingehen. „Hier ein wenig, da ein wenig!" Wir brauchen wieder Männer und Frauen Gottes, wie John Wesley, den Begründer des Methodismus; Charles Parham, der von Gott mächtig gebraucht wurde, um die Pfingstliche Erweckung ins Leben zu rufen (Er und seine Bibelschüler entdeckten, dass der Taufe im Heiligen Geist in der Regel die Zungenrede folgte - in den fünf Fällen der Apostelgeschichte, in denen erwähnt wird , dass der Heilige Geist auf Menschen kam, haben in vier Fällen alle, die den Heiligen Geist empfingen in neuen Zungen geredet und im fünften Fall: in Samarien hat Simon der Zauberer gesehen, dass durch die Handauflegung der Apostel der Geist gegeben wurde - und sie erlebten die pfingstliche Taufe im Heiligen Geist mit der oben erwähnten Zungenrede als erstem Zeichen für den Empfang des Heiligen Geistes. In der Apostelgeschichte des Lukas – der Geschichte der ersten Christen - stehen die fünf Beispiele für Geistestaufen, wo in vier Fällen alle in Zungen geredet haben, die den Heiligen Geist empfangen hatten. Aber Paulus, der den ersten Korintherbrief geschrieben hatte, sah den Heiligen Geist eher als Angeld/ Unterpfand für die Erlösung. Er betonte, dass der Heilige Geist uns zu einem Leib in Christus tauft und der Gemeinde verschiedene Gnadengaben zur gegenseitigen Auferbauung gibt. Er sieht in der Zungenrede nicht das Zeichen für den Geistempfang, hält diese Gabe aber auch für erstrebenswert: „Ich möchte aber, dass ihr alle in Zungen redet, mehr aber noch, dass ihr weissagt (1.Kor 14:5)." Weitere Männer und Frauen Gottes waren Smith Wigglesworth, Kathryn Kuhlman, Paulus, Petrus, Mose, Josua, Elia. Deborah, Esther Leute, die auf dem Wasser gehen, die Kranke heilen, die Gottes Reich hier auf die Erde holen. Leute, die sagen: „Gott hier bin ich! Gebrauche mich zu deiner Ehre!

Verherrliche deinen Namen hier auf Erden. Wirke durch uns, Gott. Verherrliche deinen Namen. Zeige, dass du allein wahrer Gott bist. Gieß deinen Geist neu über deine Gemeinde, deine Kirche aus. Lass Gebetsgemeinschaften entstehen. Lass Wellen der Fürbitte über uns, deine Gemeinde, deine Kirche kommen. Gieß den Geist des Gebets und des Flehens neu über uns aus. Hilf uns ein Licht zu sein in dieser dunklen Zeit/ Welt. Schenke eine neue Ehrfurcht vor deinem heiligen Wort der Bibel. Erneuere uns im Gebet. Schenke uns mehr Feuer. Mehr von Jesus! Regiere in uns! Wir bekennen uns vor der sichtbaren und der unsichtbaren Welt zu Jesus Christus! Heilige uns durch die Wahrheit. Dein Wort ist Wahrheit. Herr, wir bitten auch für die Politik, dass du unseren Politikern Weisheit schenkst, unseren Staat zu leiten. Wir bitten dich, dass du Arbeiter in deine Ernte sendest, die dein Wort verkünden und in Vollmacht das Evangelium verbreiten. Herr, ich preise dich für christliches Fernsehen, Christliche Literatur, gesalbte, Geist erfüllte Predigten, dass du wirkst durch dein Wort. Danke für Zeichen und Wunder, die dein Wort bestätigen. Danke für die Taufe im Heiligen Geist, für gemeinsames Zungengebet und – Gesang. Danke auch für christliche Kunst und Musik, Danke, dass du wirkst in unseren Gottesdiensten, dass die Leute den Heiligen Geist empfangen, dass sie anders rausgehen, als sie reingekommen sind. Danke, dass deine Herrlichkeit unter uns wohnt. Amen

Wir sind ein Tempel des Heiligen Geistes, wenn wir Jesus Christus, dem Retter, Heiler (Jesus Christus starb nicht nur, um für unsere Sünden zu leiden, sondern auch, um unsere Krankheiten und Schwachheiten auf sich zu nehmen. Das kann man in Jes 53:1-5 nachlesen. Es ist eine prophetische Vorausschau auf den stellvertretenden Opfertod Jesu Christi am Kreuz, 600 vor Christus aufgeschrieben. In Jak 5:13-18 steht geschrieben:" Leidet jemand unter euch? Der bete. Ist jemand guten Mutes? Er singe Psalmen. Ist jemand Krank unter euch? Der rufe die Ältesten der Gemeinde zu sich, und sie mögen über ihm beten und ihn mit Öl salben im Namen des Herrn. Und das Gebet des Glaubens wird den Kranken retten, und der Herr wird ihn aufrichten, und wenn er Sünden begangen hat, wird ihm vergeben werden. Bekennt nun einander die Sünden und betet füreinander, damit ihr geheilt werdet. Viel vermag eines Gerechten Gebet in seiner Wirkung. Elia war ein Mensch von gleichen Gemütsbewegungen, wie wir, und er betete inständig, dass es nicht regnen möge und es regnete nicht auf der Erde drei Jahre und sechs Monate. Und wieder betete er und der Himmel gab Regen, und die Erde brachte ihre Frucht hervor." Heilung ist im Erlösungswerk Jesu Christi enthalten, denn:" unsere Leiden - Er hat sie getragen bestraft, von Gott geschlagen und niedergebeugt. Doch er war durchbohrt um unserer Vergehen willen, zerschlagen um unserer Sünden willen. Die Strafe lag auf ihm zu unserem Frieden, und durch seine Striemen ist uns Heilung geworden", Jes 53:4-5), Täufer im Heiligen Geist und mit Feuer und der wiederkehrende König. Das ist das sogenannte vierfältige Evangelium (Jesus als Retter, Heiler, Täufer im Heiligen Geist und wiederkehrender König), dass die pfingstkirchliche Evangelistin Aimee Semple-Mc Pherson in dem von ihr in Los Angeles gebauten Angelus Temple und der von ihr gegründeten pfingstlerischen „Foursquare – Bewegung verkündet hat. Eine Foursquare Kirche ist auch in dem Film „Forrest Gump" zu sehen! Er spendet der Kirche viel Geld nachdem er um Shrimps gebetet hatte und ein Sturm alle anderen Shrimpkutter unbrauchbar gemacht hatte und sie nun das einzige Boot waren, dass noch Shrimps fangen konnte und sie zu Millionären wurden. Bei Forrest Gump gibt es auch noch eine körperliche Heilung.

Nämlich als Forrest Gump vor seinen Peinigern davonläuft und seine Beinschienen abfallen und er zum ersten Mal rennen kann. Und noch etwas pfingstliches ist in dem Film zu sehen: Elvis Presley, der sich von Forest Gump seinen legendären Hüftschwung abguckte, war Mitglied in einer Assemblies of God – Gemeinde, der größten Pfingstkirchlichen Denomination, die theologisch dem BFP nahe steht, dem Bund Freikirchlicher Pfingstgemeinden Kdör, dem wiederum die Gemeinde angehört, in der ich Mitglied bin - die Freie Christengemeinde Neustadt. Evangelische Freikirche im Bund Freikirchlicher Pfingstgemeinden Kdör. Mittlerweile bin ich allerdings in der Dornbuschgemeinde Grünstadt, einer Gemeinde der Volksmission entschiedener Christen, die auch im Bund freikirchlicher Pfingstgemeinden Kdör Mitglied ist (www.volksmission.de)

Es gibt ein gutes Lobpreislied der christlichen Band „Delirious": Es heißt „Historymaker" und darin heißt es, dass Gott mit zerbrochenen Herzen Geschichte schreibt. Moses wird als sehr demütig beschrieben (4.Mose 12:3), David war ein Mann nach dem Herzen Gottes ‚der viele Lieder schrieb. Viele der sogenannten Psalmen in der Bibel sind von ihm. Die Psalmen sind Gebete, die mit Instrumenten begleitet wurden. Gebete in den verschiedenen Lebenssituationen.

Als sich David vor Saul in der Höhle versteckte, der ihn töten wollte, und Saul genau in diese Höhle ging, um seine Notdurft zu verrichten, schnitt ihm David unbemerkt ein Stückchen vom Obergewand Sauls ab und tötete ihn nicht, obwohl er gekonnt hätte. Wie bei Kain und Abel war es nämlich auch bei Saul und David. Saul fiel bei Gott in Ungnade, weil er Gott nicht gehorsam war, als er König war, und Amalek nicht der Vernichtung weihte. Deswegen sandte Gott einen bösen Geist, um Saul zu quälen, und er wurde wahnsinnig. Weswegen ihm seine Berater sagten, dass er sich einen Harfespieler rufen lassen sollte, der - wenn er spielte - den König beruhigte. Und dieser Harfespieler war David. Aber mit der Zeit zeigte sich immer mehr, dass David unter dem Segen Gottes stand und dass der Segen Gottes von Saul gewichen war, und das irritierte Saul so sehr, dass er David mit einem Speer an die Wand spießen wollte. Aber David wich aus und überlebte unverletzt. Schließlich floh David vor Saul nachdem er von Jonathan – Sauls Sohn – erfuhr, dass Saul beschlossen hatte, David zu ermorden. Später ging Saul zu einer Totenbeschwörerin, die ihm Samuel hochholen lassen sollte. Den Propheten, der ihn zum König gesalbt hatte. Sie holte ihn hoch und er sagte ihm, dass er morgen sterben würde. Zu Totenbeschwörern und Wahrsagern zu gehen wird in der Bibel als schwere Sünde bezeichnet. Deswegen - gerade wegen dieser Bibelstelle - wird das Gebet zu schon verstorbenen Heiligen im protestantischen Christentum, zu dem auch die Freikirchliche Pfingstbewegung (BFP) und die anderen Pfingstlichen Kirchen und Werke gehören, als unbiblisch abgelehnt.

Fast alle Charaktere in der Bibel, die für Gott lebten, waren eher demütig und bescheiden - außer Petrus und Elisa!!! Petrus war ein etwas derb ausgedrückt Großmaul. Am Ölberg - kurz bevor Jesus vor seiner Gefangennahme im Garten Gethsemane betet, ob es möglich ist, dass der Kelch des Kreuzes an ihm vorrübergeht – sagt Petrus: „Wenn alle an dir Anstoß nehmen, ich werde niemals an dir Anstoß nehmen (Mt 26:33)". Und dann verleugnet er gleich dreimal Jesus überhaupt zu kennen! Aber Petrus hatte einen starken Glauben: den bewies er als Er auf dem Wasser Jesus entgegengeht. Alle im Boot schreien und sind panisch, weil sie denken Jesus ist ein Gespenst, aber Petrus ruft Jesus zu: „Herr, wenn du es bist, rufe mich und ich komme auf dem Wasser zu dir!" und Jesus ruft: „Komm auf dem Wasser zu mir!" Und Petrus geht los, aus dem Boot auf das Wasser und das Wasser trägt ihn. Doch dann sieht er die Wellen und bekommt es mit der Angst zu tun, er läuft schließlich auf dem Wasser. Langsam geht er unter, doch Jesus hält ihn und bringt ihn ins Boot. Das war Petrus! Jesus sagte zu Petrus - nachdem er auf die Frage Jesu, was Petrus glaubt, wer Jesus ist, antwortet: „Du bist der Christus, der Sohn des lebendigen Gottes!" - „Du bist Petrus und auf diesen Felsen (Petrus heißt Fels) werde ich meine Gemeinde bauen und die Pforten der Unterwelt werden sie nicht überwältigen. Ich werde dir die Schlüssel des Reiches der Himmel geben; und was auch immer du auf der Erde binden wirst, wird auch im Himmel gebunden sein und was auch immer du auf Erden lösen wirst, wird auch im Himmel gelöst sein. " Wir Pfingstler sehen uns dem Befreiungsdienst verpflichtet aufgrund unter anderem auch dieser Bibelstelle. Was hier auf Erden schon gebunden ist, wird auch im Himmel gebunden sein! Deswegen ist es nötig eine gründliche Lebensbereinigung zu machen. Buße tun, von Herzen zu Gott umzukehren, wie der verlorene Sohn zu seinem Vater, dann können wir schon ein Stück des Himmels spüren! Bei Gott ist Herrlichkeit: „Da geschah es, als Aaron zur ganzen Gemeinde der Söhne Israel redete, und sie sich zur Wüste hinwandten, siehe, da erschien die Herrlichkeit des Herrn in der Wolke und der Herr sprach zu Mose." (2. Mose 16:10). In Psalm 34:4-10 steht: „Preiset mit mir den Herrn und lasst uns gemeinsam seinen Namen erhöhen! Als ich den Herrn suchte, antwortete er mir und errettete mich aus aller Furcht (das ist für alle Angstpatienten: stellt euch euren Ängsten und ihr werdet feststellen, dass die Situation gar nicht so schlimm ist und unbegründete Ängste haben oft eine Okkulte Wurzel: Man hat als Jugendlicher mal Gläser rücken gemacht und seitdem hat man das Gefühl, dass einen eine Dunkle Macht verfolgt oder man ist mal zu einem Wahrsager gegangen und seitdem fühlt man sich die ganze Zeit beobachtet oder du hast einen LSD Trip genommen und das ohne „Reisebegleiter" und das war zu viel für dich. Jesus kann dir helfen. Nur er kann dich wirklich befreien, weil er für deine Sünden bezahlt hat: „Wen der Sohn freimacht, der ist wirklich frei!".

Geh zu einem biblischen Seelsorger in eine biblische Gemeinde! Auf www.bfp.de, das ist die Seite des Bundes Freikirchlicher Pfingstgemeinden Kdör, gibt es eine Gemeindesuchmaschine für evangelisch-freikirchliche, täuferische, pfingstlich-charismatische Gemeinden im BFP. Die auf ihn sehen, werden strahlen vor Freude und ihr Angesicht soll nicht schamrot werden. Als einer im Elend rief, hörte der Herr und half ihm aus allen seinen Nöten. Der Engel des Herrn lagert sich um die her, die ihn fürchten und hilft ihnen heraus. Schmecket und sehet, wie freundlich der Herr ist. Fürchtet den Herrn, ihr seine Heiligen, denn die, die ihn fürchten, haben keinen Mangel." Echte tiefe Buße reinigt unser Leben. Falscher Stolz, Überheblichkeit ist einer der größten Feinde des Glaubens. Denken, dass man es „alleine" geschafft hat, ohne die Güte Gottes, ist eine der größten Lebenslügen. Die Liebe bringt einen weiter. „Jeder Mensch sei schnell zum Hören, langsam zum Reden, langsam zum Zorn." (Jak 1:19). Die Liebe ist die Erfüllung des Gesetzes.

Kapitel 3: Lehre über/wozu Geistesgaben (?) und die Geschichte der Pfingstbewegung

Die Bibel sagt, dass wir nach den Gaben des Geistes eifern sollen. Aber auch, dass die Geistesgaben einmal aufhören werden. Solange wir auf dieser Erde sind, wird es sie geben, denn der Heilige Geist will sich ja der Gemeinde kundtun. Er will übernatürlichen Glauben geben. Er will Wunder wirken. Er will Worte der Weisheit und der Erkenntnis schenken. Er will die Kranken heilen. Er will, dass wir die Geister unterscheiden können. Er will, dass wir Prophetisch reden können, die Menschen an das Vaterherz Gottes bringen und den Menschen mit Gott versöhnen. Er will, dass wir Gemeinde bauen! Aber das ist nicht das Ziel! Das Ziel ist es, zu den Füßen Jesu zu sitzen und ihm zuzuhören.

Hören, was Gott auf dem Herzen hat! Was sagt Gott in dieser oder jenen Lebenssituation. Gottes Wort ist immer konstruktiv. Es spricht Dinge in Existenz, Möglichkeiten. Wo kein Ausweg ist, schafft Gott einen. Manchmal hilft Er übernatürlich durch ein Wunder! Manchmal wartet er, um unseren Glauben zu testen, um - wie schon gesagt – zu sehen, ob wir dranbleiben im Gebet. Manchmal ist es wichtiger, dass wir etwas daraus lernen z.B. Geduld. „Wenn jemand Weisheit mangelt, so bitte er Gott, der allen willig gibt und keine Vorwürfe macht, und sie wird ihm gegeben werden." (Jak 1:5)

Aber Gott ist auch ein heiliger Gott, ein verzehrendes Feuer. Die Berge schmelzen wie Wachs vor seiner Majestät. Er ist der Herr der himmlischen Heerscharen, der Gott Abrahams, Isaaks und Jakobs. Der Schöpfer des Himmels und der Erde.

Er hat durch Christus die Welten gemacht. Ihm sei alle Majestät, Hoheit, Ehre, Macht und Stärke. Wahre Anbetung gebührt nur Ihm allein, dem lebendigen Gott der Bibel, Gott, dem Vater, dem Sohn und dem Heiligen Geist. Als Jesus mal von den Pharisäern angegriffen wird, weil die Jünger Palmzweige und ihre Kleider vor Jesus ausbreiten, als er auf einem Eselfüllen nach Jerusalem einzieht und Gott freudig loben über allen Wunderwerken, die sie gesehen hatten, und sie riefen: „Gepriesen sei der König, der da kommt im Namen des Herrn! Friede im Himmel und Herrlichkeit in der Höhe", antwortete er nur: „Ich sage euch, wenn diese schweigen, so werden die Steine schreien!" (Luk 19:35-40).

Bei Gott ist Herrlichkeit!!! Jesus Christus ist der Herr aller Herren und der König aller Könige. Ihm ist gegeben alle Macht im Himmel und auf Erden, sodass sich „im Namen Jesu Christi alle Knie beugen, derer, die im Himmel sind, derer, die auf Erden sind und derer unter der Erde und jede Zunge bekenne: Jesus Christus ist Herr!" (Phil 2:10-11)

Heilig, Heilig, Heilig ist der Herr Gott Zebaoth. Der Herr der Himmlischen Heerscharen.

„Ebenso aber nimmt auch der Geist sich unserer Schwachheit an, denn wir wissen nicht, was wir bitten sollen, wie es sich gebührt, aber der Geist selbst verwendet sich für uns in unaussprechlichen Seufzern (Röm 8:26)“ d h der Heilige Geist hilft uns beim Beten. Pfingstliche Theologen haben diese Stelle auf die Zungenrede bezogen, aber ich glaube, dass der Heilige Geist unser Gebet leitet; egal, ob wir gerade in Zungen sprechen oder nicht! Aber das Zungengebet ist eine mächtige Waffe, um die Bastionen Satans zu brechen und in der Fürbitte für unsere Familien, Freunde, unser Land einzustehen. Mögen wir in eine neue Leidenschaft für Jesus Christus geführt werden und mögen wir einen heiligen Unterschied machen, zu dem Leben in dieser Welt mit ihrer Sünde und ihren Begierden. Möge Gott uns die Gnade schenken, immer Ihn an die erste Stelle in unserem Leben zu setzen und mögen wir in seiner Liebe wandeln und gnädig mit unseren Mitmenschen sein.

Roman Siewert, der ehemalige Präses des Bundes Freikirchlicher Pfingstgemeinden (BFP), hat mal gesagt: „Mögen wir in der Pfingstbewegung zu einer Bewegung der Liebe Gottes werden“, zumindest so oder so ähnlich. Und dem kann ich voll und ganz zustimmen, als pfingstlich, evangelisch - freikirchlicher, täuferischer Christ. Das Evangelium - die Frohe Botschaft, wie das Wort Evangelium auf Deutsch übersetzt heißt (auf Englisch: Gospel - von „Good Spel“: gute Nachricht oder eben „Frohe Botschaft“) - ist die Botschaft vom Kreuz und der damit einhergehenden Versöhnung mit unserem Schöpfer.

Am Kreuz und im Garten Gethsemane hat Jesus Christus für uns gelitten. Er bat Gott, dass wenn es möglich wäre, dieser Kelch an ihm vorüber gehe. Die Jünger schliefen, anstatt mit ihm zu wachen und zu beten, und flohen dann, als die Hohepriester und Judas und eine Menge mit Stangen und Schwertern kamen, um Jesus festzunehmen. Na ja Petrus hieb dem Knecht des Hohepriesters das Ohr mit einem Schwert ab, das Jesus dann sogleich heilte, wie wir im Lukasevangelium nachlesen können. Lukas war übrigens der einzige Schreiber der Evangelien, der die Heilung des Ohrs erwähnte (wahrscheinlich, weil er Arzt war und er somit ein berufliches Interesse an der ärztlichen Kunst und der Heilung von Krankheiten hatte – hat mal jemand in der Gemeinde gesagt und das erschien mir einleuchtend).

„Preise den Herrn, meine Seele und all mein Inneres seinen heiligen Namen! Preise den Herrn, meine Seele und vergiss nicht alle seine Wohltaten! Der da vergibt alle deine Sünde, der da heilt alle deine Krankheiten. Der dein Leben erlöst aus der Grube, der dich krönt mit Gnade und Erbarmen. Der mit Gutem sättigt dein Leben, Deine Jugend erneuert sich wie bei einem Adler. Der Herr verschafft Gerechtigkeit und Recht allen, die bedrückt werden. Er tat seine Wege kund dem Mose, den Söhnen Israel seine Taten. Barmherzig und gnädig ist der Herr, langsam zum Zorn und groß an Gnade. Er wird nicht immer rechten, nicht ewig zürnen. Er hat uns nicht getan nach unseren Vergehen, nach unseren Sünden uns nicht vergolten. Denn so hoch der Himmel ist über der Erde, so übermächtig ist seine Gnade über denen, die ihn fürchten. So fern der Osten ist vom Westen, hat er von uns entfernt unsere Vergehen. Wie ein Vater sich über Kinder erbarmt, so erbarmt sich der Herr über die, die ihn fürchten. Denn er kennt unser Gebilde, denkt daran, dass wir Staub sind. Der Mensch - wie Gras sind seine Tage, wie die Blume des Feldes, so blüht er. Denn fährt ein Wind darüber, so ist sie nicht mehr, und ihr Ort kennt sie nicht mehr. Die Gnade des Herrn aber währt von Ewigkeit zu Ewigkeit über denen, die ihn fürchten, seine Gerechtigkeit bis zu den Kindeskindern, für die, die seinen Bund halten, die seiner Vorschriften gedenken, um sie zu tun. Der Herr hat im Himmel aufgerichtet seinen Thron, und seine Herrschaft regiert über alles. Preist den Herrn, ihr seine Engel, ihr Gewaltigen an Kraft, Täter seines Wortes, dass man höre auf die Stimme seines Wortes! Preist den Herrn, alle seine Heerscharen, ihr seine Diener, Täter seines Wohlgefallens. Preist den Herrn, alle seine Werke an allen Orten seiner Herrschaft. Preise den Herrn, meine Seele!"

Das war der Psalm 103, der von David stammt. Gottes Wort verinnerlichen, darüber betend nachsinnen. Was will der Schreiber damit sagen: David befiehlt seiner Seele, Gott zu preisen. Selbst wenn die Stürme des Lebens kommen, können wir bei Gott Zuflucht finden. Er ist unser Schild und unsere Burg, der Gott, auf den ich traue, wie es an anderer Stelle heißt. Frieden und Ruhe finden wir nur in Jesus Christus und dem Wort Gottes, dass wir betend lesen. Um den größtmöglichen Gewinn aus dem Wort Gottes zu haben, ist es wichtig, es im Leben anzuwenden. Sich Zeit nehmen. Zeit für das Gebet und das Studieren des Wortes Gottes. Täglich drei bis fünf Stunden, danach oder dazwischen etwas körperliche Arbeit. Dann wieder zwei Stunden beten, dann kann man etwas Fernsehen oder eine Zeitschrift lesen, damit man nicht zu weltfremd wird. Zumindest wenn man den Luxus hat, nicht so viel arbeiten zu müssen. Ich wohne in einem soziotherapeutischen Wohnheim, da ich aufgrund einer schizophrenen Erkrankung die Neigung habe, Tagträumen hinterher zu jagen und die Dinge dieser Welt für nicht so wichtig erachte. Paulus sagt: „Wer nicht arbeitet soll auch nicht essen." Aber gerade als Christen sollten wir auch für die Schwachen und Kranken da sein!

„Liebe Gott mit deinem ganzen Herzen, mit deiner ganzen Seele, mit all deiner Kraft und deinen Nächsten, wie dich selbst." Die Welt durch die Liebe verändern. Ein Licht sein in der Dunkelheit. Menschen in der Kraft des Heiligen Geistes dienen. Dämonen austreiben. Die Taufe im Heiligen Geist empfangen, mit dem dazugehörigen Sprachen – bzw. Zungengebet. Das griech. Wort „glossa", von dem sich auch der Fachbegriff für die Zungenrede „Glossolalia" ableitet, bedeutet sowohl Zunge, als auch Sprache.

Das Zungenreden bekommt man nicht durch Lernen, sondern sie wird einem gegeben als geistliche Gnadengabe, um sich selbst geistlich aufzuerbauen und im Geist zu beten, Aber man kann selbst entscheiden, wann man in Zungen betet. Außer, wenn eine (Laute) Zungenrede mit Auslegung kommt, die für die Gemeinde, einen selbst oder andere Personen bestimmt ist. Man kann die Auslegung der Zungenrede nicht herbeizaubern, sondern man muss warten, bis der Heilige Geist einem die Auslegung eingibt, bevor man sie Weitergeben kann. Zungenreden ist eine Wirkung des Heiligen Geistes. Es ist schon oft vorgekommen, dass scheinbar sinnloses „Gestammel" von Außenstehenden als real existierende Sprachen erkannt wurden. Das heißt nicht, dass jedes „Gestammel" gleich die Gabe der Zungenrede ist.

Es heißt aber auch nicht, dass sie es nicht ist. In der Bibel (genauer gesagt in Jes 28:11-13) steht: „Ja, durch stammelnde Lippen und durch eine fremde Sprache wird er zu diesem Volk reden. Er, der zu ihnen sprach: „Das ist die Ruhe! Schafft Ruhe dem Erschöpften! Und das ist die Erquickung! Aber sie wollten nicht hören." Zungenreden ist eine Gabe, die der Erquickung/Erfrischung durch den Heiligen Geist dient und wie ein Strom von Freude und Wonne aus uns herauskommt. Es gibt allerdings auch sogenannte Wüstenzeiten, wo unser Glauben auf die Probe gestellt wird!!! Satan gefällt das gar nicht, wenn wir in Zungen reden und wie bei jeder anderen Segnung auch, wird er versuchen, sie uns madig zu machen! Mich hat mal ein Aramäer verstanden, als ich spazieren ging und dabei in Zungen redete. Also er hat mir zumindest gesagt, dass ich ihm auf aramäisch irgendetwas über Gebet gesagt habe.

Eine Frau in unserer Gemeinde hat Englisch gesprochen, ohne es zu können. Eine der beiden Norwegerinnen, die die Pfingstbewegung 1907 nach Deutschland brachte – also die eine hatte die Gabe der Zungenrede und die Andere die, der Auslegung - hatte einen Zungengesang in schönstem Hochdeutsch, obwohl sie nie Deutsch gelernt hatte (Giese, 1987, S. 118) Ernst Giese, ein Kriegserblindeter evangelischer Pfarrer, hat Originaldokumente vom Anfang des 20. Jahrhundert ausgewertet und das Werden des ältesten deutschen Pfingstverbandes „Christlicher Gemeinschaftsverband Mühlheim/Ruhr beschrieben (Der christliche Gemeinschaftsverband Mühlheim/Ruhr, der jetzt - soweit ich weiß - Mühlheimer Verband evangelisch freikirchlicher Gemeinden heißt, hat sich mittlerweile von der Pfingstbewegung distanziert, da er zu keiner Zeit das klassisch Pfingstliche Dogma von der Zungenrede als Zeichen für den Empfang der Geistestaufe gelehrt hat. Er glaubt aber immer noch auch an die Gaben des Heiligen Geistes. Die klassisch pfingstliche Lehre von der Geistestaufe mit der Zungen-, Sprachenrede als erstem Zeichen geht zurück auf Charles Fox Parham. Er war Methodistischer Prediger, der allerdings dem Konfessionalismus den Rücken zu kehrte, da er seinen Schäfchen auch mal den Rat gab, sich eine andere Gemeinde zu suchen, die seiner Meinung nach nicht unbedingt eine Methodistengemeinde sein musste. Als er daraufhin Ärger mit den Obrigkeiten bekam, distanzierte er sich von dem Konfessionentum, arbeitete aber weiterhin als Evangelist. Er hatte einmal göttliche Heilung erlebt, als e an einem Herzleiden erkrankt war und sein Baby hohes Fieber hatte. Auf dem Weg zu einem ebenfalls Kranken Mann, redete Gott zu ihm durch eine Bibelstelle. Charles Parham wurde sofort geheilt und auch das Baby wurde nach dem Gebet des Glaubens fieberfrei, und er gründete ein göttliches Heilungshaus namens Bethel („Haus Gottes") und später eine Bibelschule in Topeka, Kansas. An dieser Schule begann 1901 die Pfingsterweckung (wobei es seit dem ersten Pfingstfest pfingstähnliche Aufbrüche in der ganzen Kirchengeschichte gegeben hat, aber die Verknüpfung von Geistestaufe und Zungenrede geht auf Parham zurück, obwohl schon Edward Irwing, der von 1792 – 1834 lebte, die Zungenrede als stehendes Zeichen der Geistestaufe gesehen, sie aber nicht in jedem Fall erwartet hat): Parham stellte seinen Schülern die Aufgabe: woran man nach den Zeugnissen des Neuen Testaments – besonders der Apostelgeschichte – erkennen kann, dass man den Heiligen Geist empfangen hat. Und die Schüler kamen alle zum Selben Ergebnis: nämlich am Zungenreden. Jedenfalls eine Schülerin ging auf Parham zu, bat ihn für sie zu beten und als er das tat, kam die Herrlichkeit Gottes über sie und sie fing an, chinesisch zu sprechen. Anschließend war sie drei Tage nicht fähig, englisch zu reden.

Als Parham daraufhin verreiste und nach einiger Zeit wiederkam, entdeckte er in der Bibelschule die Leiter von zwölf Gemeinden, die verschiedenen Konfessionen angehörten und jeder redete in Zungen (Roberts Liardon, 1996/2021, S 118-119)

Bald wurden Tausende geheilt, befreit und mit dem Heiligen Geist getauft. Die Klassische Pfingstbewegung war geboren. Kirchenhistoriker beschreiben die Pfingstbewegung üblicherweise in drei Wellen: 1.Klassische Pfingstler, 2. die Charismatische Bewegung, die den Heiligen Geist und seine Gaben in die Volkskirchen getragen hat und die 3.Neocharismatischen Gemeinden, die keiner dieser Bewegungen zugeordnet werden wollen. Zu ihnen gehört u. a. das Christliche Zentrum Karlsruhe (CZK), die Gemeinde auf dem Weg mit Wolfhard Margies, das Missionswerk „Christus für alle Nationen", das von dem weltbekannten Norddeutschen Evangelisten Reinhard Bonnke gegründet wurde, und Millionen von Menschen überall auf dem Globus aber hauptsächlich in Afrika erreichte. Dieses Werk wird jetzt nach seinem Tod von seinem Nachfolger Daniel Kolenda fortgeführt.

Mittlerweile schätzt man die Pfingstbewegung (mit Charismatikern und Neocharismatikern zusammen) auf weltweit etwa 670 000 000 Menschen.

Die weltweit größte Pfingstkirchliche Bewegung sind die Assemblies of God mit etwa 36 000 000 Mitgliedern.

Eine weitere wichtige Person, die die Ausbreitung der Pfingstbewegung wesentlich gefördert hat, ist der schwarze Heiligungsprediger William J. Seymour, der ein Schüler Parhams war und die Lehre der Geistestaufe mit der Zungenrede als erstem Zeichen von Parham übernahm. Er kam 1906 nach Los Angeles, wo er eine kleine Heiligungskirche übernahm.

Wegen seiner Lehre der Zungenrede wurde er aus der Kirche ausgeschlossen. Er fand aber Zuflucht bei Gliedern der Gemeinde. Er schloss sich ein, um zu beten und zu fasten. Nach einer Weile schlossen sich ihm immer mehr an. Er zog um in die North-Bonnie-Brae-Straße 214, wo er eine Freundin, die William J. Seymour gedrängt hatte, die Bibelschule Parhams zu besuchen, einlud, um über die Taufe im Heiligen Geist zu predigen. Und nachdem sie gebetet und gefastet haben, bekamen die ersten Leute die Taufe im Heiligen Geist und redeten in Zungen. Da immer mehr Leute zu den Versammlungen kamen, zog Seymour mit seiner Gemeinde in eine alte Methodistenkirche, die zwischenzeitlich als Stall genutzt wurde und die in der Azusa Street 312 lag. Seymour predigte eines Tages über den Bebenden Zorn Gottes, der die Erde erschüttern wird. (Quelle: Wikipedia, Stichwort: Pfingstbewegung – Geschichte der Pfingstbewegung)

Als dann kurze Zeit später das große Erdbeben von San Francisco kam, taten viele vor Angst Buße über ihre Sünden, kamen in die Azusa Street nach Los Angeles und wurden Mitglieder der Gemeinde. Menschen kamen aus fernen Ländern, um die Botschaft zu hören und das pfingstliche Evangelium mit in ihre Länder zu nehmen. So entstanden – mehr oder weniger zeitgleich – überall auf der Welt Pfingstliche Gemeinden. Nach Europa kam die Pfingsterweckung durch den Norweger T. B. Barret, der nach Amerika reiste, um Spenden für seine Gemeinde zu sammeln. Er kam dort mit der Pfingstbewegung in Kontakt, erlebte selber eine Geistestaufe (mit Zungenreden) und veranstaltete in Oslo pfingstliche Gebetstreffen, die von christlichen Leitern aus ganz Europa besucht wurden, die schon seit langem für eine Erweckung gebetet haben.

Kapitel 4: Gott erhört Gebet, wenn wir in unserem Leben aufräumen bzw. klare Sache mit Gott machen

In Amos 5:4 steht: „Denn so spricht der Herr zum Hause Israel: Sucht mich, so werdet ihr leben."

Aber wahres Leben aus Gott können wir nur empfangen, wenn wir Buße tun und zu Jesus Christus kommen.

„Doch auch jetzt, spricht der Herr, kehrt um zu mir mit eurem ganzen Herzen und mit Fasten, Weinen und mit Klagen! Zerreißt euer Herz und nicht eure Kleider und kehrt um zum Herrn, eurem Gott! Denn er ist gnädig und barmherzig, langsam zum Zorn und groß an Gnade, und lässt sich das Unheil gereuen. Wer weiß, vielleicht wird er umkehren und es sich gereuen lassen und Segen hinter sich zurücklassen." (Joel 2:12-14)

„Du sollst keine anderen Götter neben mir haben."

Gott zu kennen ist ein Privileg,

Vor Gottes Thron zu kommen eine Einladung.

Die Frage ist jetzt: Bist du bereit, alles hinter dir zu lassen und Jesus Christus nachzufolgen?

Oder sind dir andere Dinge wichtiger?

Jesus Christus nachfolgen. Ein Teil des weltweiten Leibes Christi sein, seiner Gemeinde, die er mit seinem Blut erkauft hat und zu einer lebendigen, erwecklichen, geisterfüllten Ortsgemeinde gehören (wie schon gesagt, auf www.bfp.de gibt es einen Gemeindefinder für Pfingstgemeinden.

Auf www.vef.de kann man auch andere evangelische Freikirchen kennenlernen. www.ead.de ist die Seite der Evangelischen Allianz.

www.ack-oekumene.de ist die Seite des Arbeitskreises Christlicher Kirchen zu der auch die Evangelische Landeskirche, die Röm. Katholische Kirche und die Orthodoxen Kirchen gehören. www.royal-rangers.de ist die Seite der „Royal Rangers.

Das sind christliche Pfadfinder, die von den Assemblies of God – der weltweit größten Pfingstkirchlichen Gemeindebewegung mit insgesamt etwa – wie schon erwähnt - 36 000 000 Mitgliedern gegründet wurden und in Deutschland dem Bundesjugendwerk (www.bjw.bfp.de) des Bundes Freikirchlicher Pfingstgemeinden Kdör angehören, zu dem auch Youth Alive und Kids Alive (christliches Jugendwerk und Kinderwerk im Bund Freikirchlicher Pfingstgemeinden) gehören, die Gefangenenmission „Licht im Dunkel" www.LICHTIMDUNKEL.de , die BFP- Ausbildung www.bfp-ausbildung.de , die Arbeitsgemeinschaft internationaler Gemeinden im BFP, das Forum Theologie und Gemeinde www.forum-thg.de ,die ehemalige Velberter Mission, die jetzt VM – International (www.vm-international.de) heißt, das Aktionskomitee für verfolgte Christen, www.avc-de.org und die Arbeitsgemeinschaft für Weltmission, die christliche Drogenhilfe „Teen Challenge"(www.tcd-teenchallenge.de), die von dem amerikanischen Pfingstpastor David Wilkerson gegründet wurde und durch die schon Tausende weltweit von Drogensucht befreit wurden und den Heiligen Geist empfingen und der Bundesverband der Sozialwerke im BFP www.bsfp.de . Das waren, so weit ich weiß, die Bundeswerke des Bundes Freikirchlicher Pfingstgemeinden Kdör). Jünger sein, ein Schüler Jesu Christi und von ihm lernen.

Die Weisheit zu erfahren, wie das Leben funktioniert! Ich meine damit nicht, reich zu werden. Und wenn doch: was tust du mit dem Reichtum, der dir gegeben ist? Hilfst du damit anderen weiterzukommen oder dir? Oder ist der Reichtum dir ein toter Götze geworden, der dir alles raubt, ohne dir was zu geben? Die unsichtbare Welt ist wichtiger, als vergänglicher Reichtum. Etwas das für die Ewigkeit bleibt, ist wichtiger als auf Zeitliches zu säen...

Jesus Christus sagt:" ihr könnt nicht Gott dienen und dem Mammon." (Mt 6:24) Außerdem spricht Jesus, dass der, der die Worte Gottes hört und sie tut, einem Mann gleicht, der sein Haus auf Felsen (d.h. Auf einer felsenfesten Grundlage) baut, sodass selbst, wenn die Stürme des Lebens kommen, das Haus (d.h. du) nicht einstürzt. Und wer das nicht tut, gleicht einem Mann, der sein Haus auf Sand baut - also auf einem nicht stabilen Grund. Das steht in Mt 7:24-27.

Der Heilige Geist führt in alle Wahrheit. Aber Wort und Geist müssen zusammenwirken. D. h. Regelmäßiges Bibelstudium ist wichtig, um, wie gerade gelesen, ein festes Fundament zu haben.

„Die Furcht des Herrn ist der Weisheit Anfang" (Psalm 111:10) Ehrfurcht vor Gott, dem Schöpfer des Himmels und der Erde zu haben ist wichtig und der Anfang der Weisheit. Gott, der Herr ist allwissend. Vor Gott (manchmal hilft es auch einem Seelsorger noch zusätzlich die Sünde zu beichten) bekannte Sünde versenkt er ins tiefste Meer. Der wird nicht mehr gedacht. Allerdings ist gegebenenfalls Wiedergutmachung zu leisten. Wenn man beispielsweise etwas gestohlen hat, jemanden betrogen hat (beispielsweise um sein Erbe) oder ähnliches. „Wenn wir unsere Sünden bekennen, ist Er treu und gerecht, dass er uns die Sünden vergibt und uns reinigt von aller Ungerechtigkeit."

Erweckung geschieht, WENN WIR GEMEINSAM UNSERE SCHULD BEKENNEN (natürlich nur, wenn wir in bewusster Sünde leben. Sünden sind Diebstahl, Hass, Neid, Zorn in den nächsten Tag mitnehmen, Ehebruch, außerehelicher Sex, Missgunst, Stolz, Hochmut, Abtreibung, homosexuelle Praktiken, Gier, Mord, einem geistlichen Leiter oder König (Politiker?) fluchen, Zauberei usw); VOR DAS KREUZ KOMMEN UND UNS UNTER UNSERE SCHULD BEUGEN und wieder mit Gott ganze Sache machen.

„Den Namen anderer Götter aber dürft ihr nicht bekennen, er soll in deinem Mund nicht gehört werden…" (2. Mose 23:13).

Unter „bekennen" steht in meiner Konkordanz unter anderem auch dieser Vers, der eine Erweckung beschreibt: „Viele aber von denen, die gläubig geworden waren, kamen und bekannten und gestanden ihre Taten. Zahlreiche aber von denen, die Zauberei getrieben hatten, trugen die Bücher zusammen und verbrannten sie vor allen, und sie berechneten ihren Wert und kamen auf 50 000 Silberdrachmen. So wuchs das Wort des Herrn mit Macht und erwies sich kräftig." (Apg 19:18-20)

Deswegen ist es so wichtig, Buße zu tun, sich von den Falschen Göttern loszusagen und sein Leben dem Dreieinigen Gott der Bibel anzuvertrauen.

„Vater unser im Himmel, wir haben gesündigt. Bitte vergib uns unsere Lauheit. Entzünde neu die Heilige Flamme in unseren Herzen. Die Flamme des Heiligen Geistes, der uns im Gebet leitet und unser Beistand ist. Heiliger Geist, lass unsere Liebe zu dir, oh Gott, neu entflammen. Hilf uns, flammende Zeugen Jesu Christi zu sein. Schenk uns Gnade. Heilige uns durch dein Wort. Erquicke uns im Wasserbad deines Wortes. Reinige unsere Herzen.

Herr Jesus Christus, danke für das Kreuz von Golgatha! Danke, dass du dein Leben für uns gegeben hast. Regiere in uns! Danke, dass du ein Gott bist, der uns nahe ist. Danke, dass wir durch das Blut Jesu versöhnt sind mit Dir. Danke, dass du uns reinigst durch dein kostbares Blut. Bitte Taufe uns neu mit deinem Geist und mit Feuer! Rüste uns aus, damit wir dein Wort in Vollmacht verkündigen können. Lass Zeichen und Wunder geschehen, um den Namen deines Sohnes in der Kraft des Heiligen Geistes auf Erden zu verherrlichen! Amen, im Namen Gottes, des Vaters, des Sohnes und des Heiligen Geistes und Amen.

Jesus Christus lebt. Das ist die gute Nachricht. Er lädt uns ein, ihm zu folgen. Er ist gegangen, um uns eine Stätte zu bereiten, wo wir nach unserem Tod leben werden.

Die Leute, die nicht erlöst sind, werden an einen Ort der Qualen gebracht. Dann kommt das Endgericht. Jesus sagt: „Fürchtet euch nicht vor denen, die den Leib töten und nach diesem nichts weiter zu tun vermögen! Ich will euch aber zeigen, wenn ihr fürchten sollt: Fürchtet euch vor dem, der nach dem Töten Macht hat, in die Hölle zu werfen, ja ich sage euch, diesen fürchtet."

Heiligung ist Gott an erste Stelle im Leben zu setzen, das alte Leben verlassen, sich taufen lassen auf den Namen des Vaters, des Sohnes und des Heiligen Geistes in den Tod Jesu hinein und sich einer biblische Kirche oder auch Gemeinde anschließen. Der Protestantismus ist relativ breit gefächert: da gibt es die Landeskirchen (die EKD, die sich aus reformierten Kirchen und Lutheranern zusammensetzt – es gibt allerdings noch die Selbstständige Evangelisch – Lutherische Kirche (SELK), die Teil der Vereinigung evangelischer Freikirchen, VEF ist) und dann gibt es noch die evangelischen Freikirchen und die Evangelische Allianz. Die Evangelische Allianz ist eine überkonfessionelle evangelikale Bewegung und setzt sich aus Bibelgläubigen Christen aus verschiedenen Evangelikal geprägten Landes- und Freikirchen zusammen. Wer genaueres wissen möchte, kann auf die Internetseite der Evangelischen Allianz www.ead.de gehen. Evangelische Freikirchen sind z b die Mennoniten (eine evangelisch, freikirchliche, täuferische Bewegung, die blutig verfolgt wurde und die Kraft in ihrem Glauben gefunden hat, diese Verfolgungen zu ertragen.

Der Bund evangelisch Freikirchlicher Gemeinden (BEFG): in diesem Bund sind die Baptisten und die Brüdergemeinden eingegliedert. Im Dritten Reich waren für kurze Zeit auch die Elimgemeinden, die zur Pfingstbewegung zu rechnen sind und mittlerweile dem BFP (Bund Freikirchlicher Pfingstgemeinden Kdör) angehören, Teil des BEFG und natürlich der BFP, der Bund Freikirchlicher Pfingstgemeinden Kdör , der auch Vollmitglied in der Vereinigung evangelischer Freikirchen ist.

Wer noch alles in der VEF (Vereinigung evangelischer Freikirchen) Mitglied ist, kann man auf www.vef.de nachlesen. Christen werden auch heute noch zum Teil blutig verfolgt. Open Doors gibt jedes Jahr den Weltverfolgungsindex heraus. Darin steht, in welchen Ländern die Christen am meisten für ihren Glauben leiden müssen.

Platz 1 im Jahr 2022 ist Afghanistan. Platz 2 ist Nordkorea. Platz 3 Somalia. Platz 4 Libyen. Platz 5 Jemen. Aber Gott tut in diesen Ländern auch große Dinge! Jesus Christus lehrt uns als seine Gemeinde: Die Linke Wange hinzuhalten, auch unsere Feinde zu lieben. Auf Böses nicht wieder mit bösem antworten, sondern für seine Feinde beten.

Liebe üben, Gutes tun, Salz und Licht sein. Einen Unterschied machen. Die Liebe Gottes verbreiten, ein Licht anzünden, wenn es dunkel ist. Das heißt auch für den Namen Christi zu leiden. Die Schrift sagt ganz klar: „Alle aber auch, die gottesfürchtig leben wollen in Christus Jesus, werden verfolgt werden." Jemand sagte mal: Das Blut der Märtyrer ist der Same der Kirche. In 2.Makk 7-8, das zu den Apokryphen zählt steht: „Es wurden auch sieben Brüder samt ihrer Mutter gefangen und vom König bedrängt, sie sollten Schweinefleisch essen (Wir Christen dürfen alles essen, denn Jesus Christus sagte: „Nicht was in den Mund hereingeht macht den Menschen unrein, sondern was aus ihm herauskommt. Denn aus dem Herzen kommen unreine Gedanken, wie Ehebruch, Hass, Neid und Mord!" Nur von Blut und Ersticktem sollen wir uns enthalten), dass ihnen im Gesetz verboten war, darum wurden sie mit Geißeln und Riemen geschlagen. Da sagte einer von ihnen, der Wortführer: Was willst du viel fragen und von uns wissen? Wir wollen eher sterben, als die väterlichen Gesetze zu übertreten.

Da ergrimmte der König und gebot, man sollte Eisenroste und Kessel über das Feuer setzen. Als man das sogleich getan hatte, gebot er, man sollte dem, der das Wort geführt hatte, die Zunge herausschneiden und die Haut vom Kopf abziehen, wie das die Skythen tun, und Hände und Füße abhauen, und die anderen Brüder und die Mutter sollten dabei zusehen. Als er nun so verstümmelt war, ließ der König ihn noch lebend zum Feuer bringen und rösten. Und als der Dampf von dem Rost sich weithin verbreitete, ermahnten sich die Brüder untereinander, mit ihrer Mutter unverzagt zu sterben, uns sprachen: Gott der Herr sieht alles und wird sich unser ganz gewiss erbarmen , wie uns Mose in seinem Gesang eindeutig bezeugt hat, wenn er verkündigt: „Und über seine Knechte wird er sich erbarmen."

Als der Erste so aus dem Leben geschieden war, führten sie den Zweiten auch hin, um ihren Mutwillen mit ihm zu treiben; und sie zogen ihm vom Kopf Haut und Haar ab und fragten ihn, ob er Schweinefleisch essen wollte oder den ganzen Leib Glied für Glied martern lassen. Er aber antwortete in der Sprache seiner Väter und sagte: Ich will's nicht tun. Daher marterten sie ihn weiter wie den Ersten. Als er nun in den letzten Zügen lag, sprach er: Du verruchter Mensch, du nimmst uns wohl das zeitliche Leben; aber der König der Welt wird uns, die wir um seiner Gesetze willen sterben, wieder erwecken in der Auferstehung zum ewigen Leben. Danach nahmen sie den Dritten und trieben mit ihm ihren Mutwillen. Und als sie es von ihm forderten, streckte er sogleich die Zunge heraus und hielt unerschrocken die Hände hin und sagte tapfer: Diese Glieder sind mir vom Himmel gegeben; darum will ich sie gerne gering achten um seiner Gesetze willen; denn ich hoffe, er wird sie mir wiedergeben. Der König aber und sein Gefolge wunderten sich darüber, dass der Jüngling so mutig war und die Marter für nichts achtete.

Als auch dieser aus dem Leben geschieden war, peinigten sie den Vierten ebenso und geißelten ihn. Als es aber mit ihm zum Sterben ging, sprach er: Das ist ein großer Trost, dass wir auf Gottes Verheißungen trauen: Wenn uns

Menschen töten, wird er uns wieder auferwecken. Du aber wirst nicht auferweckt werden zum Leben. Gleich danach brachten sie den Fünften und geißelten ihn. Der sah Antiochus an und sprach zu ihm: Du bist zwar ein Mensch und musst sterben; weil du aber unter den Menschen Gewalt hast, tust du, was du willst. Du sollst aber nicht meinen, dass Gott unser Volk verlassen habe. Warte nur, dann wirst du erfahren, wie mächtig der ist, der dich und dein Geschlecht plagen wird.

Nach diesem führten sie den Sechsten auch heran. Der sagte, als er sterben sollte: Täusche dich nicht! Wir haben ja unser Leiden sehr wohl verdient, da wir uns an unserem Gott versündigt haben.

- Bewundernswertes ist hier geschehen! - Du aber meine nicht, du würdest ungestraft bleiben, da du es gewagt hast, gegen Gott zu kämpfen.

Überaus bewundernswert aber war die Mutter und wert, dass man mit höchstem Lobe an sie denkt. Denn sie sah, wie ihre Söhne alle sieben nacheinander an einem einzigen Tag zu Tode gemartert wurden, und durchlitt es tapfer um der Hoffnung willen, die sie zum Herrn hatte.

Dadurch wurde sie so hochgesinnt, dass sie einen Sohn nach dem anderen in der Sprache ihrer Väter tröstete, und fasste sich, obwohl sie nur eine schwache Frau war, ein männliches Herz und sprach zu ihnen: Ich weiß nicht, wie ihr in meinem Schoß entstanden seid, und den Odem und das Leben habe ich euch nicht gegeben noch habe ich zusammengefügt, woraus jeder von euch besteht. Darum wird der, der die Welt geschaffen und alle Menschen gemacht und das Werden aller Dinge erdacht hat, euch den Odem und das Leben gnädig zurückgeben, weil ihr jetzt um seiner Gesetze willen keinerlei Rücksicht nehmt auf euch selbst.

Antiochus meinte voll Argwohn, sie verachtete und schmähte ihn in ihrer Sprache; so redete er dem jüngsten Sohn, der noch übrig war, nicht allein mit guten Worten zu, sondern verhieß ihm sogar mit einem Eide, wenn er sich von den Gesetzen seiner Väter lossagen würde, so wollte er ihn reich und glücklich machen, ihn unter seine Freunde aufnehmen und ihm Ämter anvertrauen. Als der Jüngling sich aber nicht bereden lassen wollte, ließ der König die Mutter vor sich kommen und ermahnte sie, sie sollte den Sohn doch zu seinem Besten beraten. Als er sie mit vielen Worten ermahnt hatte, nahm sie es auf sich, ihren Sohn zu überreden.

Aber sie spottete nur über den rohen Tyrannen. Denn sie neigte sich zu ihrem Sohn und sagte in der Sprache ihrer Väter zu ihm: Mein lieber Sohn, den ich neun Monate unter meinem Herzen getragen und drei Jahre gestillt und großgezogen und bis zu diesem Alter geleitet und gepflegt habe, erbarme dich doch über mich! Ich bitte dich, mein Kind, sieh Himmel und Erde an und betrachte alles, was darin ist, und erkenne: Dies hat Gott alles aus nichts gemacht, und wir Menschen sind auch so gemacht. Darum fürchte dich nicht vor diesem Henker, sondern zeige dich deiner Brüder würdig und nimm den Tod auf dich, damit ich dich zur Zeit des Erbarmens samt deinen Brüdern wiederbekomme.

Während sie noch redete, sprach der Jüngling: Worauf wartet ihr? Ich gehorche dem Gebot des Königs nicht, sondern ich höre auf das Gebot des Gesetzes, das unseren Vätern durch Mose gegeben ist. Du aber, der du jede Bosheit gegen die Hebräer ausgeheckt hast, wirst der Hand Gottes gewiss nicht entrinnen. Wir leiden ja, um unserer Sünden willen; aber obwohl unser lebendiger Herr eine Zeit lang zornig ist und uns bestraft und züchtigt, so wird er doch seinen Knechten wieder gnädig werden. Du Gottloser, Verruchtester unter allen Menschen, überhebe dich nicht in eitlen Hoffnungen und lege nicht Hand an die Kinder des Himmels! Denn du bist dem Gericht des allmächtigen Gottes, der alle Dinge sieht, noch nicht entronnen. Unsere Brüder, die eine kurze Zeit sich haben martern lassen, die haben jetzt teil am ewigen Leben nach der Verheißung Gottes: du aber sollst nach dem Urteil Gottes bestraft werden, wie du es mit deinem Hochmut verdient hast. Ich will Leib und Leben, um der Gesetze meiner Väter willen, dahingeben wie meine Brüder und zu Gott schreien, dass er bald seinem Volk gnädig werde, du aber unter Prüfungen und Qualen bekennen musst, dass er allein Gott ist. Der Zorn des Allmächtigen aber, der mit Recht über unser ganzes Volk ergangen ist, möge an mir und meinen Brüdern zum Stehen kommen. Als dies der König hörte, geriet er außer sich und ließ ihn schlimmer martern als die andern; denn es verdross ihn, dass er so verspottet wurde. So ist auch dieser, ohne unrein geworden zu sein, gestorben und hat sein ganzes Vertrauen auf den Herrn gestellt. Zuletzt, nach den Söhnen, wurde auch die Mutter hingerichtet." (2.Makk 7:1-41 LUT rev. 2017)

Die Apokryphen (auch Deuterokanonische Schriften), zu denen auch das 2. Makkabäerbuch gehört sind Schriften, die zwar nützlich und gut zu lesen sind – schreibt Luther - aber sie sind der Heiligen Schrift nicht gleich zu setzen, da sie im Hebräischen Kanon des Alten Testaments nicht vorkommen, wohl aber in der Septuaginta, der griechischen Übersetzung des Alten Testaments. Zum weiteren Studium, warum welche Bücher in den Kanon der Heiligen Schrift aufgenommen wurden und von wem, dem empfehle ich den Teil B in dem Buch „Der Gott, der uns nicht passt - Beiträge zum Verstehen des Alten Testaments", herausgegeben vom Forum Theologie und Gemeinde des Bundes Freikirchlicher Pfingstgemeinden Kdör. Das ganze Buch ist lesenswert, weil da hauptsächlich für unser Westliches Menschenbild schwierige Bibeltexte theologisch aufgearbeitet werden.

Der Teil B ist von Mathias Nell und heißt: „Vom Werden des Alten Testaments: Eine Biblisch – Historische Spurensuche"

Reformation kommt durch Transformation. Wir können die Kirche nur reformieren, wenn wir selbst tief in Christus verwurzelt sind, ihn kennen mehr, als alles andere und in seinem Wort gegründet sind. Deswegen sage ich nochmal: Buße tun, Jesus Christus in unser Leben lassen und ihn wirklich Herr sein lassen in unserem Leben.

Der Ruf aller Propheten und Jesu Christi war:" Tut Buße, denn das Himmelreich ist nah!!!"

„Herr Jesus Christus, du hast Augen wie Feuerflammen. Schau in unsere Herzen. Prüfe uns, ob wir es wirklich ernst meinen mit dir. Entfache dein heiliges Feuer in uns. Lass uns umgürtet sein mit der Wahrheit. Angetan mit dem Brustpanzer der Gerechtigkeit. Beschuht mit der Bereitschaft einzutreten für das Evangelium des Friedens. Angetan mit dem Schild des Glaubens, mit dem wir alle feurigen Pfeile des Bösen auslöschen können. Bewaffnet mit dem Schwert des Geistes, welches das Wort Gottes ist, und angetan mit dem Helm der Heilsgewissheit" (Eph 6) Amen.

Verzehre in uns, Herr, alle Weltlichkeit!

„Lasst uns aufschauen zu Ihm, dem Anfänger und Vollender unseres Glaubens, der um der vor ihm liegenden Freude willen, die Schande nicht achtete und das Kreuz erduldete und sich gesetzt hat zur Rechten des Thrones Gottes. Denn betrachtet den, der so großen Widerspruch von den Sündern gegen sich erduldet hat, damit ihr nicht ermüdet und in euren Seelen ermattet!

Ihr habt im Kampf gegen die Sünde noch nicht bis aufs Blut widerstanden und habt die Ermahnung vergessen, die zu euch als Söhnen spricht: Mein Sohn, schätze nicht gering des Herrn Züchtigung, und ermatte nicht, wenn du von ihm gestraft wirst! Denn wen der Herr liebt, den züchtigt er."

(Hebr 12:2-7)

Reinigung und Heiligung sind wichtig, geschehen aber nur durch das Blut Jesu Christi!

Es ist seine Liebe, die uns heiligt. Es ist seine Liebe, die uns befreit. „Sie haben ihn (Satan) überwunden wegen des Blutes des Lammes und wegen des Wortes ihres Zeugnisses und haben ihr Leben nicht geliebt bis in den Tod." (Offb 12:11)

„Mir aber sei es fern, mich zu rühmen als nur des Kreuzes unseres Herrn Jesu Christi, durch das mir die Welt gekreuzigt ist und ich der Welt!"

(Gal 6:14)

Das griechische Wort für Buße tun heißt Metanoia und bedeutet zu Gott umzukehren, in seinem Denksinn erneuert zu werden. Falsche Haltungen abzugeben

Der Austausch am Kreuz war allumfassend, betrifft den ganzen Menschen: Körper, Seele (Verstand, Wille und Gefühle) und den Geist. Der Geist des unerlösten Menschen ist tot durch den Sündenfall. Aber wenn er Jesus Christus in sein Leben lässt, wird der Geist des Menschen von neuem geboren. Das ist, was Jesus im Gespräch mit Nikodemus meint, wenn er sagt:" Wahrlich, wahrlich, ich sage dir: Wenn jemand nicht von Neuem geboren wird, kann er das Reich Gottes nicht sehen." Als Nikodemus dann nachfragt, wie das denn geschehen kann, antwortet Jesus Christus: „Wahrlich, wahrlich, ich sage dir, wenn jemand nicht geboren wird aus Wasser und aus Geist, kann er nicht ins Reich Gottes hineingehen." Wasser meint hier nicht die Taufe, das Taufwasser hat keine magischen Kräfte. Sie ist lediglich die Besiegelung, das wir Gläubig geworden sind – ein Bezeugen vor der sichtbaren und der unsichtbaren Welt, dass wir unser altes Leben ohne Gott symbolisch begraben, und ein Gehorsamsschritt (selbst der Herr ließ sich taufen, als er auf Erden wandelte, um „ alle Gerechtigkeit zu erfüllen" , Mt 3:15 – auf das Thema Taufe komme ich nochmal später zu sprechen). Wasser meint hier: das Wasserbad im Wort, also dass man durch das Wort Gottes und seinen Geist von Neuem geboren wird (Theologischer Ausschuss des BFP, 2006) . Der Bibelvers dazu steht in Eph 5:25 - 27:"Ihr Männer, liebt eure Frauen, wie auch der Christus die Gemeinde geliebt und sich selbst für sie hingegeben hat, um sie zu heiligen, sie reinigend durch das Wasserbad im Wort, damit er die Gemeinde sich selbst verherrlicht darstellte, die nicht Flecken noch Runzeln oder etwas dergleichen hat, sondern dass sie heilig und tadellos ist." Aber auch die ganzen Lebensbereiche, in die wir Jesus Christus hineinlassen, werden von seinem Schalom durchdrungen: Beruf, Familie, Ehe. Wenn wir Gott die Ehre geben (und den Zehnten Teil unseres Einkommens ins Reich Gottes investieren) werden wir erleben, wie der Segen Gottes auf uns ruht und Gott die Schleusen des Himmels über uns öffnet.

"Der Segen des Herrn allein macht reich und eigenes abmühen fügt neben ihm nichts hinzu." (Sprüche 10:22)

„Dies nun sage und bezeuge ich im Herrn, dass ihr nicht mehr wandeln sollt, wie auch die Nationen wandeln, in Nichtigkeit ihres Sinnes, sie sind verfinstert am Verstand, entfremdet dem Leben Gottes wegen der Unwissenheit, die in ihnen ist, wegen der Verstockung ihres Herzens; sie, die abgestumpft sind, haben sich selbst der Ausschweifung hingegeben, zum

Ausüben jeder Unreinheit mit Gier. Ihr habt aber den Christus nicht so kennengelernt. Ihr habt ihn doch gehört und seid in ihm gelehrt worden, wie es Wahrheit in Jesus ist: dass ihr, was den früheren Lebenswandel angeht, den alten Menschen abgelegt habt, der sich durch betrügerische Begierden zugrunde richtet, dagegen erneuert werdet in dem Geist eurer Gesinnung und den neuen Menschen angezogen habt, der nach Gott geschaffen ist in wahrhafter Gerechtigkeit und Heiligkeit. Deshalb legt die Lüge ab und redet die Wahrheit, ein jeder mit seinem Nächsten! Denn wir sind unter einander Glieder. Zürnet, und sündigt dabei nicht! Die Sonne gehe nicht unter über eurem Zorn, und gebt dem Teufel keinen Raum! Wer stiehlt, der stehle nicht mehr, sondern mühe sich vielmehr und wirke mit seinen Händen das Gute, damit er dem Bedürftigen etwas mitzugeben hat! Kein faules Wort komme aus eurem Mund, sondern nur eins, dass gut ist zur notwendigen Erbauung, damit es dem Hörenden Gnade gibt! Und betrübt nicht den Heiligen Geist Gottes, mit dem ihr versiegelt worden seid auf den Tag der Erlösung hin! Alle Bitterkeit und Wut und Zorn und Geschrei und Lästerung sei von euch weggetan, samt aller Bosheit! Seid aber zueinander gütig, mitleidig, und vergebt einander, so wie auch Gott in Christus euch vergeben hat!"

(Eph 4:17 – 32)

Nachfolge bedingt Gehorsam, aber auch die Bereitschaft, alles hinter sich zu lassen, was Gott nicht ehrt. Manchmal ehrt Gott eine Handlung, aber es ist trotzdem die Zeit auf eine neue Stufe des Christentums zu gelangen und dafür muss man manchmal alte, gewohnte Wege verlassen, um im Leben mit Christus weiterzukommen.

„Als aber Jesus eine Volksmenge um sich sah, befahl er, an das jenseitige Ufer wegzufahren. Und ein Schriftgelehrter kam heran und sprach zu ihm: Lehrer, ich will dir nachfolgen, wohin du auch gehst. Und Jesus spricht zu ihm: Die Füchse haben Höhlen und die Vögel des Himmels haben Nester, aber der Menschensohn hat nichts, wo er sein Haupt hinlegt. Ein anderer aber von seinen Jüngern sprach zu ihm: Herr, erlaube mir, vorher hinzugehen und meinen Vater zu begraben. Jesus spricht zu ihm: Folge mir nach, und lass die Toten ihre Toten begraben!" (Mt 8:18-22)

„Es sprach aber auch ein anderer: Ich will dir nachfolgen, Herr; vorher aber erlaube mir, Abschied zu nehmen von denen, die in meinem Hause sind. Jesus aber sprach zu ihm: Niemand, der seine Hand an den Pflug gelegt hat und zurückblickt, ist tauglich für das Reich Gottes." (Luk 9:61-62)

Jesus Christus sagt außerdem: „Wenn jemand zu mir kommt und hasst nicht seinen Vater und die Mutter und die Frau und die Kinder und die Brüder und die Schwestern, dazu aber auch sein eigenes Leben, so kann er nicht mein Jünger sein. Und wer nicht sein Kreuz trägt und mir nachkommt, kann nicht mein Jünger sein. Denn wer unter euch, der einen Turm bauen will, setzt sich nicht vorher hin und berechnet die Kosten, ob er das Nötige zur Ausführung hat? Damit nicht etwa, wenn er den Grund gelegt hat und nicht vollenden kann, alle die es sehen, anfangen, ihn zu verspotten, und sagen: Dieser Mensch hat angefangen zu Bauen und konnte nicht vollenden. Oder welcher König, der auszieht, um sich mit einem anderen König in Krieg einzulassen, setzt sich nicht vorher hin und ratschlagt, ob er im Stande ist, dem mit zehntausend entgegen zu treten, der gegen ihn mit zwanzigtausend anrückt? Wenn aber nicht, so sendet er, während er noch fern ist eine Gesandtschaft und bittet um Friedensbedingungen.

SO KANN NUN KEINER VON EUCH, DER NICHT ALLEM ENTSAGT, WAS ER HAT, MEIN JÜNGER SEIN.

Das Salz nun ist gut. Wenn aber auch das Salz kraftlos geworden ist, womit soll es gewürzt werden? Es ist weder für das Land noch für den Dünger tauglich, man wirft es hinaus. Wer Ohren hat zu hören, der höre!"

(Luk 14:25-35)

Nachfolge ist auch, mit dem was man von Gott anvertraut hat, zu handeln, es einzusetzen, um es zu vermehren: „Während sie aber dies hörten, fügte er noch ein Gleichnis hinzu, weil er nahe bei Jerusalem war, und sie meinten, dass das Reich Gottes sogleich erscheinen sollte. Er sprach nun: Ein hochgeborener Mann zog in ein fernes Land, um ein Reich für sich zu empfangen und wiederzukommen. Er berief aber zehn seiner Knechte und gab ihnen zehn Pfunde und sprach zu ihnen: Handelt damit, bis ich wiederkomme! Seine Bürger aber hassten ihn und schickten eine Gesandtschaft hinter ihm her und ließen sagen: Wir wollen nicht, dass dieser König über uns ist! Und es geschah, als er zurückkam, nachdem er das Reich empfangen hatte, da sagte er, man solle diese Knechte, denen er das Geld gegeben hatte, zu ihm rufen, damit er erfuhr, was ein jeder erhandelt hatte. Der erste aber kam herbei und sagte: Herr, dein Pfund hat zehn Pfund dazu gewonnen. Und er sprach zu ihm: Recht so, du guter Knecht! Weil du im Geringsten treu warst, sollst du Vollmacht haben über zehn Städte. Und der Zweite kam und sagte: Herr, dein Pfund hat fünf Pfunde eingetragen. Er sprach aber auch zu diesem: Und du, sei über fünf Städte. Und der andere kam und sagte: Herr, siehe, dein Pfund, dass ich in einem Schweißtuch verwahrt hielt, denn ich fürchtete dich, weil du ein strenger Mann bist; du nimmst, was du nicht hingelegt hast, und du erntest, wo du nicht gesät hast. Er spricht zu ihm: Aus deinem Mund werde ich dich richten, du böser Knecht! Du wusstest, dass ich ein strenger Mann bin, der ich nehme, was ich nicht hingelegt habe, und ernte, was ich nicht gesät habe? Und warum hast du mein Geld nicht auf eine Bank gegeben, und wenn ich kam, hätte ich es mit Zinsen eingefordert? Und er sprach zu den Dabeistehenden: Nehmt das Pfund von ihm, und gebt es dem, der die zehn Pfunde hat! Und sie sprachen zu ihm: Herr, er hat ja schon zehn Pfunde! Ich sage euch: jedem, der da hat, wird gegeben werden; von jedem, der nicht hat, von dem wird selbst, was er hat genommen werden. Doch jene meine Feinde, die nicht wollten, dass ich über sie König würde, bringt her und erschlagt sie vor mir!" (Luk 19:11-27)

Kapitel 5: Weisheit - Was ist das?

Erstens lässt sich da sagen: „Wenn der Herr das Haus nicht baut, arbeiten seine Erbauer vergebens daran. Wenn der Herr die Stadt nicht bewacht, wacht der Wächter vergebens." (Psalm 127:1)

2. Weisheit ist eine Gabe Gottes für das eigene Leben:

„Wenn jemand von euch Weisheit mangelt, so bitte er Gott, der allen willig gibt und keine Vorwürfe macht, und sie wird ihm gegeben werden. Er bitte aber im Glauben, ohne irgend zu zweifeln, denn der Zweifler gleicht einer Meereswoge, die vom Wind bewegt und hin und her getrieben wird."

(Jak 1:5-6)

3.Weisheit ist in Gott verwurzelt, Christus ist die Quelle aller Weisheit:

„Wer ist weise und verständig unter euch? Er zeige aus dem guten Wandel seine Werke in Sanftmut der Weisheit! Wenn ihr aber bittere Eifersucht und Eigennutz in eurem Herzen habt, so rühmt euch nicht und lügt nicht gegen die Wahrheit! Dies ist nicht die Weisheit, die von oben herabkommt, sondern eine irdische, sinnliche, teuflische. Denn wo Eifersucht und Eigennutz ist, da ist Zerrüttung und jede schlechte Tat. Die Weisheit von Oben aber ist erstens rein, sodann friedvoll, milde, folgsam, voller Barmherzigkeit und guter Früchte, unparteiisch, ungeheuchelt. Die Frucht der Gerechtigkeit aber wird in Frieden denen gesät, die Frieden stiften" (Jak 3:13-18).

Alle Weisheit gebührt nur dem Lamm:

„Und ich sah : Und ich hörte eine Stimme vieler Engel rings um den Thron her und um die Lebendigen Wesen und um die Ältesten; und ihre Zahl war Zehntausende mal Zehntausende und Tausende mal Tausende, die mit lauter Stimme sprachen: Würdig ist das Lamm, das geschlachtet worden ist, zu nehmen die Macht und Reichtum und Weisheit und Stärke und Ehre und Herrlichkeit und Lobpreis. Und jedes Geschöpf, das im Himmel und auf der Erde und unter der Erde und auf dem Meer ist, und alles was in ihnen ist, hörte ich sagen: Dem, der auf dem Thron sitzt, und dem Lamm den Lobpreis und die Ehre und die Herrlichkeit und die Macht von Ewigkeit zu Ewigkeit" (Offb 5:11-13)

4.Um Weisheit richtig weitergeben zu können, muss sie mit dem eigenen Leben übereinstimmen, Die Bibel stellt fest, dass jeder Mensch ein Sünder ist: „Gehe nicht ins Gericht mit deinem Knecht! Denn vor dir ist kein Lebendiger gerecht." (Psalm 143:2)

„Da ist kein Gerechter, auch nicht einer; da ist keiner, der verständig ist; da ist keiner, der Gott sucht. Alle sind abgewichen, sie sind allesamt untauglich geworden; da ist keiner der Gutes tut, da ist auch nicht einer." (Röm 3: 11-12)

Aber die gute Nachricht, Frohe Botschaft, griech.: das Evangelium, ist: „Denn so hat Gott die Welt geliebt, dass Er seinen einzigen Sohn gab, damit JEDER, DER AN IHN GLAUBT, nicht verloren geht, sondern ewiges Leben hat." (Joh 3:16)

„Der Mund des Gerechten spricht Weisheit aus, und seine Zunge redet Recht, die Weisung seines Gottes ist in seinem Herzen, seine Schritte werden nicht wanken." (Psalm 37:30-31)

Unsere Gerechtigkeit kommt aus dem Glauben an Jesus Christus, der der Weg, die Wahrheit und das Leben ist

Jesus Christus (Christus ist die lateinische Form des hebräischen Wortes „Meschiach" oder Messias und bedeutet „Gesalbter") sagt: „Wenn jemand mir nachkommen will, verleugne er sich selbst, und nehme sein Kreuz auf und folge mir nach! DENN WER SEIN LEBEN RETTEN WILL, WIRD ES VERLIEREN, WER ABER SEIN LEBEN VERLIERT UM MEINETWILLEN, DER WIRD ES FINDEN." (Mt 16:24-26-9)

Kapitel 6: Geistesgaben Part 2: von der pneumatischen Gestalt des Gottesdienstes

Biblischer Gottesdienst geschieht unter anderem pneumatisch: Einer bekommt von Gott ein Wort der Erkenntnis (den Einblick in eine biblische Wahrheit, die in ihm aufleuchtet). Dann der Nächste ein prophetisches Wort usw.

„ ...denn ihr könnt einer nach dem andern ALLE weissagen, damit alle lernen und alle getröstet werden" (1.Kor 14:31) Prophetie geschieht in der Regel zur Erbauung und Ermahnung und Tröstung (1.Kor 14:3-4) Das sieht man vor allem an der Bibelstelle 1.Kor 14:26 (der Grund, wieso ich so oft aus dem 1. Korintherbrief zitiere, um über Geistesgaben zu lehren, ist, dass dieser Brief das Thema Geistesgaben ausführlich behandelt. Vor allem das 12. und das 14. Kapitel des 1. Korintherbriefes handeln hauptsächlich von den Charismen, wobei 1. Korinther 12 eher die Gaben aufzählt und 1. Korinther 14 eher deren rechte Anwendung charakterisiert):

„Was ist nun, Brüder? Wenn ihr zusammenkommt, so hat jeder einen Psalm, hat eine Lehre, hat eine Offenbarung, hat eine Sprachenrede, hat eine Auslegung; alles geschehe zur Erbauung/ Besserung." (1.Kor 14:26)

In 1.Kor 14:1-6, gleich nach dem großen Kapitel über die Liebe (1. Kor 13) steht: „Strebt nach der Liebe; eifert aber nach den geistlichen Gaben (stellt euch Gott zur Verfügung, dass er durch euch und unter euch wirkt), besonders dass ihr weissagt! Denn, wer in einer Sprache redet, redet nicht zu Menschen, sondern zu Gott; denn niemand versteht es, im Geist aber redet er Geheimnisse. Wer aber weissagt, redet zu den Menschen zur Erbauung und Ermahnung und Tröstung. Wer in einer Sprache redet, erbaut sich selbst; wer aber weissagt erbaut die Gemeinde. Ich möchte aber, dass ihr alle in Sprachen redet, mehr aber noch, dass ihr weissagt. Wer aber weissagt, ist größer, als wer in Sprachen redet, es sei denn, dass er es auslegt, damit die Gemeinde Erbauung empfängt."

In Röm 12:6 steht noch über die Gabe der Prophetie: „Da wir aber verschiedene Gnadengaben haben, nach der uns gegebenen Gnade, so lasst sie uns gebrauchen: Es sei Weissagung, in der Entsprechung zum Glauben..."

Also Prophetie darf nichts von der biblischen Wahrheit unterschlagen, noch eine zusätzliche Version der Bibel erfinden. Eine Auswirkung der Prophetie und falsche Anwendung von Sprachenrede ist in 1. Kor 14:23-24 nachzulesen: „Wenn nun die ganze Gemeinde zusammenkommt und alle in Sprachen reden und es kommen Unkundige oder Ungläubige herein, werden sie dann nicht sagen, dass ihr von Sinnen seid?

Wenn aber alle weissagen (das Vaterherz Gottes offenbar machen) und irgendein Unkundiger oder Ungläubiger kommt herein, so wird er von allen überführt, von allen beurteilt, das Verborgene seines Herzens wird offenbar, und so wird er auf sein Angesicht fallen und wird Gott anbeten und verkündigen, dass Gott wirklich unter euch ist.“

Kapitel 7: Biblischer Glaube

Jesus sagt oft, nachdem er jemanden geheilt hat:" dein Glaube hat dir geholfen" und dass „Glauben Berge versetzt" Aber wie Glauben wir richtig und was ist Glaube eigentlich? Zuerst zu letzterem: Was ist Glaube eigentlich?

Hebr 11:1-40:" Der Glaube ist eine Wirklichkeit dessen, was man hofft, ein Überführt sein von Dingen, die man nicht sieht. Denn durch ihn haben die Alten Zeugnis erlangt. Durch Glauben verstehen wir, dass die Welten durch Gottes Wort bereitet worden sind, sodass das Sichtbare nicht aus Erscheinendem geworden ist. Durch Glauben brachte Abel Gott ein besseres Opfer dar, als Kain, durch welchen Glauben er das Zeugnis erhielt, gerecht zu sein, indem Gott Zeugnis gab zu seinen Gaben; und durch diesen Glauben redet er noch, obgleich er gestorben ist.

Durch Glauben wurde Henoch entrückt, sodass er den Tod nicht sah, und er wurde nicht gefunden, weil Gott ihn entrückt hatte; denn vor der Entrückung hat er das Zeugnis gehabt, dass er Gott wohl gefallen habe. Ohne Glauben aber ist es unmöglich, ihm wohlzugefallen, denn wer Gott naht, muss glauben, dass er ist und denen, die ihn suchen, ein Belohner sein wird. Durch Glauben baute Noah, als er göttliche Weisung über das, was noch nicht zu sehen war, empfangen hatte, von Furcht bewegt, eine Arche zur Rettung seines Hauses. Durch ihn verurteilte er die Welt und wurde Erbe der Gerechtigkeit, die nach dem Glauben ist. Durch Glauben war Abraham, als er gerufen wurde, gehorsam, auszuziehen an den Ort, den er zum Erbteil empfangen sollte; und er zog aus, ohne zu wissen, wohin er komme. Durch Glaube siedelte er sich im Land der Verheißung an wie in einem fremden und wohnte in Zelten mit Isaak und Jakob, den Miterben derselben Verheißung; denn er erwartete die Stadt, die Grundlagen hat, deren Baumeister und Schöpfer Gott ist. Durch Glauben empfing er auch mit Sara, obwohl sie unfruchtbar war, Kraft, Nachkommenschaft zu zeugen, und zwar über die geeignete Zeit des Alters hinaus, weil er den für Treu erachtete, der die Verheißung gegeben hatte. Deshalb sind auch von einem, und zwar Gestorbenen, so viele geboren worden wie die Sterne des Himmels an Menge und wie der Sand am Ufer des Meeres, der unzählbar ist. Diese alle sind im Glauben gestorben und haben die Verheißung nicht erlangt, sondern sahen sie nur von Ferne und begrüßten sie und bekannten, dass sie Fremdlinge und ohne Bürgerrecht auf der Erde seien. Denn die, die solches sagen, zeigen deutlich, dass sie ein Vaterland suchen. Und wenn sie an jenes gedacht hätten, von dem sie ausgezogen waren, so hätten sie Zeit gehabt zurückzukehren. Jetzt aber trachten sie nach einem Besseren, das ist nach einem Himmlischen. Darum schämt sich Gott ihrer nicht, ihr Gott genannt zu werden, denn er hat ihnen eine Stadt bereitet. Durch Glauben hat Abraham, als er geprüft wurde, den Isaak dargebracht, und er, der die Verheißungen empfangen hatte, brachte seinen einzigen Sohn dar, über den gesagt worden war: >>In Isaak soll deine Nachkommenschaft genannt werden <<, indem er dachte, dass Gott auch aus den Toten erwecken könne, von woher er ihn auch im Gleichnis empfing. Durch Glauben segnete Isaak auch im Hinblick auf zukünftige Dinge den Jakob und den Esau. Durch Glauben segnete Jakob sterbend einen jeden der Söhne Josefs und betete an über der Spitze seines Stabes. Durch Glauben gedachte Josef sterbend des Auszugs der Söhne Israel (aus Ägypten - *Anmerkung von mir*) und traf Anordnung wegen seiner Gebeine.

Durch Glauben wurde Mose nach seiner Geburt drei Monate von seinen Eltern verborgen, weil sie sahen, dass das Kind schön war, und sie fürchteten das Gebot des Königs nicht. Durch Glauben weigerte sich Mose, als er groß geworden war, ein Sohn der Tochter des Pharaos zu heißen, und zog es vor, lieber mit dem Volk Gottes geplagt zu werden, als den zeitlichen Genuss der Sünde zu haben, indem er die Schmach des Christus für größeren Reichtum hielt als die Schätze Ägyptens; denn er schaute auf die Belohnung. Durch Glauben verließ er Ägypten und fürchtete die Wut des Königs nicht; denn er hielt standhaft aus; als sähe er den Unsichtbaren. Durch Glauben hat er das Passah gefeiert und die Bestreichung mit Blut ausgeführt, damit der Verderber der Erstgeburt sie nicht antastete. Durch Glauben gingen sie durchs Rote Meer wie über trockenes Land, während die Ägypter als sie es versuchten, verschlungen wurden.

Durch Glauben fielen die Mauern Jerichos, nachdem sie sieben Tage umzogen worden waren.

Durch Glauben kam Rahab, die Hure nicht mit den Ungehorsamen um, da sie die Kundschafter in Frieden aufgenommen hatte.

Und was soll ich noch sagen? Denn die Zeit würde mir fehlen, wenn ich erzählen wollte von Gideon, Barak, Simson, Jeftah, David und Samuel, und den Propheten, die durch Glauben Königreiche bezwangen, Gerechtigkeit wirkten, Verheißungen erlangten, der Löwen Rachen verstopften, des Feuers Kraft auslöschten, des Schwertes Schärfe entgingen, aus der Schwachheit Kraft gewannen, im Kampf stark wurden, der Fremden Heere zurücktrieben. Frauen erhielten ihre Toten durch Auferstehung wieder; andere aber wurden gefoltert, da sie die Befreiung nicht annahmen, um eine bessere Auferstehung zu erlangen.

Andere aber wurden durch Verhöhnung und Geißelung versucht, dazu durch Fesseln und Gefängnis. Sie wurden gesteinigt, zersägt, starben den Tod durch das Schwert, gingen umher in Schafpelzen, Ziegenfellen, Mangel leidend, bedrängt, geplagt. Sie, deren die Welt nicht wert war, irrten umher in Wüsten und Gebirgen und Höhlen und den Klüften der Erde. Und diese alle, die durch den Glauben ein Zeugnis erhielten, haben die Verheißung nicht erlangt, da Gott für uns etwas Besseres vorgesehen hat, damit sie nicht ohne uns vollendet werden."

Jetzt haben wir gesehen, was Glaube eigentlich ist... Wahrer Glaube ist immer auf das Kreuz gerichtet und gegründet und hat zum Ziel, das Kreuz auf sich zu nehmen und Jesus Christus nachzufolgen. Wie bekommen wir nun biblischen Glauben?

1. Glaube ist eine Gabe (1. Kor 12:9),

2. Glaube kommt aus der Predigt, dem persönlichen Bibelstudium oder christlicher Literatur

„Also ist der Glaube aus der Verkündigung, die Verkündigung aber aus dem Wort Christi".

(Röm 10:17)

In dem biblischen Gleichnis Jesu vom Sämann sehen wir die unterschiedlichen Beschaffenheiten des menschlichen Herzens und dass diese das Wort Gottes unterschiedlich gut aufnehmen (also mit Glauben verbinden):"Der Sämann ging hinaus, seinen Samen zu säen; und indem er säte, fiel einiges an den Weg, und es wurde zertreten, und die Vögel des Himmels fraßen es auf. Und anderes fiel auf den Felsen; und als es aufging, verdorrte es, weil es keine Feuchtigkeit hatte. Und anderes fiel mitten unter die Dornen; und indem die Dornen mit aufwuchsen, erstickten sie es. Und anderes fiel in die gute Erde und ging auf und brachte hundertfache Frucht. Als er dies sagte, rief er aus: Wer Ohren hat zu hören, der höre! Seine Jünger aber fragten ihn, was dieses Gleichnis bedeute. Er aber sprach: Euch ist es gegeben, die Geheimnisse des Reiches Gottes zu wissen, den Übrigen aber in Gleichnissen, damit sie sehend nicht sehen und hörend nicht verstehen. Dies aber ist die Bedeutung des Gleichnisses: der Same ist das Wort Gottes. Die aber an dem Weg sind die, welche hören; dann kommt der Teufel und nimmt das Wort von ihren Herzen weg, damit sie nicht glauben und gerettet werden. Die aber auf dem Felsen sind die, welche, wenn sie hören, das Wort mit Freuden aufnehmen; und diese haben keine Wurzel; für eine Zeit glauben sie, und in der Zeit der Versuchung fallen sie ab. Das aber unter die Dornen fiel, sind die, welche gehört haben und hingehen und durch Sorgen und Reichtum und Vergnügungen des Lebens erstickt werden und nichts zur Reife bringen. Das in der guten Erde aber sind die, welche in einem redlichen und guten Herzen das Wort, nachdem sie es gehört haben, bewahren und Frucht bringen mit Ausharren."

3. Der Glaube an Jesus Christus und das Bekenntnis zum lebendigen, Dreieinigen Gott der Bibel zieht den Heiligen Geist an, in einer solchen Atmosphäre(„Wahrlich, ich sage euch: Wenn ihr etwas auf der Erde bindet, wird es im Himmel gebunden sein, und wenn ihr etwas auf der Erde löst, wird es im Himmel gelöst sein. Wiederum sage ich euch: Wenn zwei von euch auf der Erde übereinkommen, irgendeine Sache zu erbitten, so wird sie ihnen werden von meinem Vater, der in den Himmeln ist. Denn wo zwei oder drei versammelt sind in meinem Namen, da bin ich in ihrer Mitte." (Mt 18:18-20)) können Wunder geschehen.

Deswegen hat Jesus bei manchen Heilungen alle Anwesenden herausgeschickt und nur seine engsten Jünger mitgenommen. Es gibt ein schönes Lied. Es ist glaube ich aus dem Pfingstlichen Spektrum der Christenheit

Es geht so: „Wenn es je an der Zeit war für Jesus zu leben, dann jetzt. Wenn es je an der Zeit war, alles zu geben, dann jetzt. Jetzt ist die Zeit zu erobern. Jetzt ist die Zeit, mit Gott vorwärts zu gehen in Kraft.

Dein Reich kommt mit Macht, Zeichen und Wunder geschehen. Licht durchbricht die Nacht, Gefangene werden Frei! Dein Reich kommt mit Macht, die Pforten der Hölle erbeben, König der Herrlichkeit, du herrschst in Ewigkeit, dein Thron steht fest für immer.

Wir durchziehen das Land mit der Botschaft: Jesus ist HERR Es ist niemand so mächtig und herrlich und siegreich wie er. Er ist der ewige König. Er ist der Gott, dessen Herrschaft niemals vergeht."

Gott ist ein Gott, der sein Wort durch Zeichen und Wunder bestätigt. „Dem Glaubenden ist alles möglich!"(Mk 9:23) Jesus Christus sagt: „Diese Zeichen werden denen folgen, die da glauben : In meinem Namen werden sie Dämonen austreiben, sie werden in neuen Sprachen reden, werden Schlangen aufheben, und wenn sie etwas Tödliches trinken, wird es ihnen nicht schaden; Schwachen werden sie die Hände auflegen, und sie werden sich wohl befinden.

Der Herr wurde nun, nachdem er mit ihnen geredet hatte, in den Himmel aufgenommen und setzte sich zur Rechten Gottes. Jene aber zogen aus und predigten überall, während der Herr mitwirkte und das Wort durch die darauffolgenden Zeichen bestätigte." (Mk 16:17-20)

Um Wunder in deinem Dienst zu erleben, ist Heiligung von Nöten und Gehorsam dem einen Dreieinigen Gott der Bibel gegenüber und die Bereitschaft IHM alle Ehre zu geben. Heiligung ist sich selbst dem Wirken Gottes aussetzen und sich aussondern für ihn: falsche Freundschaften, die einen im Glauben nicht weiterbringen, („ Glücklich der Mann, der nicht folgt dem Rat der Gottlosen, den Weg der Sünder nicht betritt und nicht im Kreis der Spötter sitzt, sondern seine Lust hat am Gesetz des Herrn und über sein Gesetz sinnt Tag und Nacht." Psalm 1 :1-2) aufgeben und sich Gott weihen. Jeshua Ha Maschiach (das ist Jesus Christus auf Hebräisch) nachfolgen, das alte Leben ohne Gott hinter dir lassen und in die Gemeinde gehen:

„Halleluja! Preisen will ich den Herrn von ganzem Herzen im Kreis der Aufrichtigen und der Gemeinde.

Groß sind die Taten des Herrn, zu erforschen von allen, die Lust an ihnen haben. Majestät und Pracht ist sein Tun, seine Gerechtigkeit besteht ewig.

Er hat seinen Wundern Erwähnung verschafft, gnädig und barmherzig ist der Herr. Er hat Speise gegeben denen, die ihn fürchten. Er gedenkt in Ewigkeit seines Bundes. Die Kraft seiner Taten hat er seinem Volk kundgemacht, ihnen das Erbe der Nationen zu geben.

Die Taten seiner Hände sind Wahrheit und Recht. Zuverlässig sind alle seine Gebote, fest gegründet auf immer und ewig, ausgeführt in Wahrheit und Geradheit.

Er hat Erlösung gesandt zu seinem Volk, seinen Bund verordnet auf ewig. Heilig und furchtbar ist sein Name. Die Furcht des Herrn ist der Weisheit Anfang; eine gute Einsicht für alle, die sie ausüben. Sein Ruhm

besteht ewig." (Psalm 111)

Kapitel 8: Lobpreis und Anbetung

Anbetung ist vor den Thron Gottes und des Lammes kommen: Vor den Thron Gottes, des Vaters, des Sohnes; und des Heiligen Geistes Anbetung ist Gott erheben um seiner selbst willen Ihm die Ehre geben von ganzem Herzen mit all deiner Seele und all deiner Kraft.

Ihn lieben, ihn anbeten im Geist und in der Wahrheit; das kann auch in neuen Zungen geschehen! („Denn wenn ich in einer Sprache bete, so betet mein Geist, aber mein Verstand ist fruchtlos. Was ist nun? Ich will beten mit dem Geist, aber ich will auch beten mit dem Verstand; ich will lobsingen mit dem Geist, aber ich will auch lobsingen mit dem Verstand. Denn wenn du mit dem Geist preist, wie soll der, welcher die Stelle des Unkundigen einnimmt, das Amen sprechen zu deiner Danksagung, da er ja nicht weiß, was du sagst? Denn du sagst wohl gut Dank, aber der andere wird nicht erbaut." 1. Kor 14:14-17)

Anbetung geschieht im Geist und in der Wahrheit

„Jauchzt dem Herrn, alle Welt! Dient dem Herrn mit Freuden! Kommt vor sein Angesicht mit Jubel! Erkennt, dass der Herr Gott ist! Er hat uns gemacht und nicht wir selbst – sein Volk und die Herde seiner Weide.

Zieht ein in seine Tore mit Dank, in seine Vorhöfe mit Lobgesang! Preist ihn, dankt seinem Namen! Denn gut ist der Herr. Seine Gnade ist ewig und seine Treue von Generation zu Generation." (Psalm 100)

„Ich will dich erheben, mein Gott, du König, und deinen Namen preisen immer und ewig. Täglich will ich dich preisen, deinen Namen will ich loben immer und ewig.

Groß ist der Herr und sehr zu loben. Seine Größe ist unerforschlich.

Eine Generation wird der anderen rühmen deine Werke, deine Machttaten werden sie verkünden. Reden sollen sie von der herrlichen Pracht deiner Majestät, und deine Wunder will ich bedenken. Sie sollen sprechen von der Kraft deiner furchtbaren Taten, und deine Großtaten will ich erzählen.

Das Lob deiner großen Güte werden sie hervorströmen lassen, deine Gerechtigkeit werden sie jubelnd preisen. Gnädig und barmherzig ist der Herr, langsam zum Zorn und groß an Gnade. Der Herr ist gut gegen alle, sein Erbarmen ist über alle seine Werke.

Es werden dich loben, Herr, alle seine Werke und deine Getreuen dich preisen. Sie werden sprechen von der Herrlichkeit deines Reiches, sie werden reden von deiner Kraft, um den Menschenkindern kundzutun deine Machttaten und die prachtvolle Herrlichkeit deines Reiches. Dein Reich ist ein Reich aller Zeiten, deine Herrschaft dauert durch alle Generationen hindurch. Der Herr stützt alle Fallenden, er richtet auf die Niedergebeugten. Aller Augen warten auf dich, und du gibst ihnen ihre Speise zur rechten Zeit. Du tust deine Hand auf und sättigst alles Lebendige nach Wohlgefallen. Der Herr ist gerecht in allen seinen Wegen und getreu in allen seinen Werken. Nahe ist der Herr allen, die ihn anrufen, allen, die ihn in Wahrheit anrufen. Er erfüllt das Verlangen derer, die ihn fürchten. Ihr Schreien hört er, und er hilft ihnen. Der Herr bewahrt alle, die ihn lieben, aber alle Gottlosen vertilgt er. Mein Mund soll das Lob des Herrn aussprechen, und alles Fleisch preise seinen heiligen Namen immer und ewig!" (Psalm 145)

Anbetung ist aber auch die Bereitschaft für Christus zu leiden Opfer geben. Das kann Zeit sein, die Gemeinde finanziell unterstützen, in Fürbitte für die Gemeinde, die Kirche, dein Volk, die Welt eintreten, Gott loben - auch wenn einem gar nicht danach ist; fasten : das ist für Gott eine Zeit lang auf Essen verzichten um sich intensiver dem Gebet zu widmen.

Kapitel 9: Gott ist ein Gott, der Wunder wirkt

In Jos 3:5 steht: „Heiligt euch! Denn morgen wird der Herr in eurer Mitte Wunder tun."

Die ganze Bibel ist voller Berichte über Wunder, die Gott gewirkt hat. Angefangen bei der Schöpfung von Himmel und Erde, über die Befreiung der Nachfahren Abrahams, Isaaks und Jakobs (mit denen Gott einen Bund geschlossen hat, dass ihre Nachkommen so zahlreich, wie die Sterne am Himmel sein werden und dass aus ihrem Samen der Messias kommen wird, der der Schlange (Satan) den Kopf zertreten wird und sie wird ihm in die Ferse stechen. Dies hat sich am Kreuz von Golgatha erfüllt, an dem Jesus Christus für uns gekreuzigt wurde) aus Ägypten, wo Gott Mose in einem flammenden Dornenbusch begegnete und ihn berief, die Israeliten aus der Knechtschaft in Ägypten mit mächtigen Wundern herauszuführen, weil sie sein Bundesvolk sind, da er einen Bund mit Abraham, Isaak und Jakob gemacht hatte. Dann der Bericht über die Landnahme des verheißenen Landes Kanaan, durch Josua, die wunderbare Überquerung des Jordans indem sich das Wasser teilte, als die Priester mit der Bundeslade an den Jordan kamen und sie durch die Teilung des Wassers trockenen Fußes den Jordan überquerten. Dann die Einnahme der Stadt Jericho, wo die Israeliten sechs Tage lang jeweils einmal die Stadt umrunden und in die Hörner blasen sollten – weil Gott Josua dies aufgetragen hatte, um die Stadt einzunehmen – und am siebten Tag sollten sie siebenmal die Stadt umrunden und in die Hörner blasen und dabei sollte ein lautes Kriegsgeschrei ertönen und die Mauern sollten einstürzen. Und so geschah es auch: die Mauern stürzten ein, die Israeliten vollstreckten den Bann an Jericho und töteten alles, was lebte außer der Hure Rahab und ihre Familie, weil sie die Kundschafter der Israeliten aufgenommen und versteckt hatte. Die Einnahme Jerichos steht in Jos 6. Dann die Stelle, wo Josua im Namen des Herrn der Heerscharen der Sonne und dem Mond befiehlt still zu stehen, damit die Israeliten länger kämpfen konnten.

Dann Psalm 72:18:"Gepriesen sei Gott, der Herr, der Gott Israels. Er tut Wunder, er allein!"

und Psalm 98:1:"Singt dem Herrn ein neues Lied, denn er hat Wunder

getan." Psalm 105:2:"Singt ihm (dem Herrn), spielt ihm, redet von all seinen

Wundern!"

„Und der Engel des Herrn kam und setzte sich unter die Terebinthe, die bei Ofra war, die Joasch, dem Abiesriter gehörte. Und sein Sohn Gideon schlug gerade Weizen aus in der Kelter, um ihn vor Midian in Sicherheit zu bringen. Da erschien ihm der Engel des Herrn und sprach zu ihm: Der Herr ist mit dir, du tapferer Held! Gideon aber sagte zu ihm: Bitte, mein Herr, wenn der Herr mit uns ist, warum hat uns denn das alles getroffen? Und wo sind all seine Wunder, von denen unsere Väter uns erzählt haben, wenn sie sagten: Hat der Herr uns nicht aus Ägypten heraufkommen lassen? Jetzt aber hat uns der Herr verworfen und uns in die Hand Midians gegeben. Da wandte sich der Herr ihm zu und sprach: Geh hin in dieser deiner Kraft und rette Israel aus der Hand Midians! Habe ich dich nicht gesandt? Er aber sagte zu ihm: Bitte mein Herr, womit soll ich Israel retten? Siehe meine Tausendschaft ist die geringste in Manasse, und ich bin der Jüngste im Hause meines Vaters. Da sprach der Herr zu ihm: Ich werde mit dir sein, und du wirst Midian schlagen wie einen einzelnen Mann. Da sagte er zu ihm: Wenn ich denn Gunst gefunden habe in deinen Augen, so gib mir ein Zeichen, dass du es bist, der mit mir redet. Weiche doch nicht von hier, bis ich zu dir zurückkomme und meine Gabe herausbringe und dir vorsetze! Er sprach: Ich will bleiben, bis du wiederkommst. Da ging Gideon hinein und bereitete ein Ziegenböckchen zu und ungesäuerte Brote aus einem Efa Mehl. Das Fleisch tat er in einen Korb, und die Brühe tat er in einen Topf. Und er brachte es zu ihm hinaus unter die Terebinthe und legte es vor. Und der Engel Gottes sprach zu ihm: Nimm das Fleisch und die ungesäuerten Brote und lege es hin auf diesen Felsen da! Die Brühe aber gieße aus! Und er machte es so. Da streckte der Engel des Herrn das Ende des Stabes aus, der in seiner Hand war, und berührte das Fleisch und die ungesäuerten Brote. Da stieg Feuer aus dem Felsen auf und

verzehrte das Fleisch und die ungesäuerten Brote. Und der Engel des Herrn entschwand seinen Augen. Da sah Gideon, dass es der Engel des Herrn gewesen war, und Gideon sagte: Wehe, Herr HERR! Wahrhaftig, habe ich doch den Engel des Herrn von Angesicht zu Angesicht gesehen! Da sprach der Herr zu ihm: Friede sei mit dir! Fürchte dich nicht, du wirst nicht sterben. Und Gideon baute dem Herrn dort einen Altar und nannte ihn: Jahwe – Schalom. Bis zu diesem Tag steht er noch in Ofra, der Stadt der Abiesriter.“ (Ri 6:11-24)

Und dann geht es weiter, dass Gott Gideon aufträgt den Altar des Baal und der Aschera umzuhauen bzw zu zerstören, der seinem Vater gehört.

Das ist ganz wichtig: Wenn du den Segen Gottes in allen deinen Lebensbereichen empfangen willst (und Gott kann dein Leben wieder aufbauen egal, wie verkorkst es auch ist), musst du vorher alle Anrechte des Teufels in deinem Leben zerstören. Das heißt: alle Bücher mit okkultem Inhalt, alle Amulette, alle Buddhafiguren, alle dem Erzengel Michael geweihten Zaubersalze, alles Maria geweihtes Wasser von Fatima(Maria war eine gute Christin, aber zu ihr beten oder gar Rat von irgendwelchen schon verstorbenen Heiligen einzuholen, ist eine schwere Sünde. König Saul starb, weil er sich von einer Totenbeschwörerin Samuel hochholen lassen hat, einen schon verstorbenen Heiligen), das Buch Mormon, die Satansbibel, 6. und 7. Buch Mose, alle Schreine zu Ehren irgendwelcher buddhistischen oder hinduistischen Heiligen usw. All das muss gründlich zerstört werden. Am besten verbrannt und du wirst erleben wie Gott dich freisetzt, Ängste und Depressionen verschwinden und du Wunder in deinem Dienst erlebst, die noch nie da gewesen sind.

Dazu gibt es auch eine Bibelstelle (eigentlich zieht sich das durch die gesamte Bibel: immer, wenn Israel Gott abtrünnig wurde und anderen Göttern nachgelaufen ist, kamen Feinde ins Land, eine Seuche brach unter dem Volk aus oder anderes Unglück geschah):

„Da taten die Söhne Israel, was böse war in den Augen des Herrn, und dienten den Baalim. Und sie verließen den Herrn, den Gott ihrer Väter, der sie aus dem Land Ägypten herausgeführt hatte, und liefen anderen Göttern nach, von den Göttern der Völker, die rings um sie her lebten, und sie warfen sich vor ihnen nieder und reizten den Herrn zum Zorn. So verließen sie den Herrn (gingen aus Gottes Schutz hinaus) und dienten dem Baal und den Astarot. Da entbrannte der Zorn des Herrn gegen Israel, und er gab sie in die Hand von Plünderern, die sie ausplünderten. Und er verkaufte sie in die Hand der Feinde ringsum, sodass sie vor ihren Feinden nicht mehr standhalten konnten. Überall, wohin sie auszogen, war die Hand des Herrn gegen sie zum Bösen, ganz wie der Herr geredet und wie der Herr ihnen geschworen hatte; so waren sie sehr bedrängt. Da ließ der Herr Richter aufstehen, die retteten sie aus der Hand ihrer Plünderer. Aber auch auf ihre Richter hörten sie nicht, sondern hurten anderen Göttern nach und warfen sich vor ihnen nieder. Sie wichen schnell ab von dem Weg, den ihre Väter, um den Geboten

des Herrn zu gehorchen, gegangen waren; sie handelten nicht so. Und wenn der Herr ihnen Richter erstehen ließ, war der Herr mit dem Richter, und er rettete sie aus der Hand ihrer Feinde alle Tage des Richters. Denn der Herr hatte Mitleid wegen ihres Ächzens über die, die sie quälten und sie bedrängten. Und es geschah, sobald der Richter gestorben war, kehrten sie um und trieben es schlimmer als ihre Väter darin, anderen Göttern nachzulaufen, ihnen zu dienen und sich vor ihnen niederzuwerfen. Sie ließen nichts fallen von ihren Taten und von ihrem halsstarrigen Wandel. Da entbrannte der Zorn des Herrn gegen Israel, und er sprach: Weil diese Nation meinen Bund übertreten hat, den ich ihren Vätern geboten habe, und sie meiner Stimme nicht gehorcht haben, so werde auch ich nicht länger irgendeinen vor ihnen vertreiben aus den Nationen, die Josua übriggelassen hat, als er starb, um Israel durch sie auf die Probe zu stellen, ob sie den Weg des Herrn bewahren werden, darauf zu gehen, wie ihre Väter ihn bewahrt haben, oder nicht. So ließ der Herr diese Nationen bleiben, ohne sie schnell zu vertreiben, und gab sie nicht in die Hand Josuas." (Ri 2:11-23)

Deswegen betone ich eine gründliche Buße bzw. Lebensbereinigung!

Jesus Christus nachzufolgen ist ein Privileg. Der Dreieinige Gott der Bibel ist gütig und barmherzig. Er kennt uns durch und durch und liebt uns trotzdem. Er bewies seine Liebe indem er für uns starb, als wir noch Sünder waren. Als wir ihn hassten und ihm den Rücken zu wandten, wartete er auf uns. Wir kamen vielleicht aus einem christlichen Elternhaus... In der Pubertät fingen wir an gegen Gott zu rebellieren. Wir wollten unsere Erfahrungen selbst machen und wunderten uns dann, dass wir auf die Schnauze flogen. Und nun sind wir durchs Leben geschädigt und wissen nicht mehr weiter: Wir fühlen uns innerlich leer, ohne Kraft uns den Verantwortungen des Alltags zu stellen... Da gibt es den Bibelvers: „Denn siebenmal fällt der Gerechte und steht doch wieder auf, aber die Gottlosen stürzen nieder im Unglück." (Sprüche 24:16)

Gott ist da! Er wartet auf dich!

„Iss Honig, mein Sohn, denn er ist gut, und Wabenhonig ist deinem Gaumen süß. Ebenso suche die Weisheit für deine Seele! Wenn du sie gefunden hast, so gibt es Zukunft, und deine Hoffnung wird nicht vernichtet."(Spr 24:13)

Er kann dir neues Leben geben.

Einen neuen Anfang....

Jesus Christus kam um Sünder zu rufen, keine Gerechte.

Wir haben jetzt davon gehört, das Gott uns liebt und dass er seinen Sohn gab, um eine verlorene Menschheit zu erlösen und dass das Kreuz der Ort dieser Versöhnung war. Nun liegt es an dir! Jesus Christus sagt uns heute: „Komm her zu mir! Wenn du auch mühselig und beladen bist, will ich dich erquicken. Dir Freude schenken, eine tiefe Freude, die dir niemand rauben kann, außer du selbst. Ich will für dich da sein, spricht der Herr, gib mir dein ganzes Herz und ich werde dich so sehr mit meiner Liebe erfüllen, dass du es nicht mehr aushalten kannst! Komm her zu mir mein Kind, ich bin da für dich. Fürchte dich nicht: Auch wenn alle dich verlassen, ich verlasse dich nicht!"

Ich habe einmal im Gebet ein prophetisches Bild bzw. eine Vision gehabt: ich sah ein riesiges Schiff auf stürmischer See. Und dieses Schiff ließ Rettungsboote herunter, um die Ertrinkenden zu retten. Deswegen schreibe ich dieses Buch: Weil ich will, dass so viele, wie möglich auf Gottes Rettungsboot der Gemeinde oder Kirche einsteigen und neues Leben empfangen, aber das Wichtigste ist das studieren des Wortes Gottes (allein oder in Gemeinschaft mit anderen. Dafür ist Gemeinde da). Das Christentum heutzutage ist vielfältig. Manche fühlen sich in einer etwas strengeren Brüdergemeinde wohl, manche bei den Mennoniten oder Baptisten. Manche gehen auch gern mal in eine evangelische Landeskirche... Ich bin Teil einer Pfingstgemeinde. Aber das Wichtigste ist: Ich folge Jesus Christus nach, dem Herrn aller Herren und dem König aller Könige und alles in der Gemeinde muss sich IHM unterordnen. Alle Dämonen fliehen wo sein Name genannt wird!!! Ich bin dem lebendigen Gott der Bibel in einer Pfingstgemeinde begegnet, aber ich bin mir sicher, dass Gott einem genauso gut in einer Mennoniten- oder Baptistengemeinde begegnen kann. Überall, wo zwei oder drei in seinem Namen versammelt sind . Darum studiert die Bibel, sucht euch zwei oder drei andere und betet und studiert das Wort. Werdet Teil einer lebendigen Gemeinde und bringt euch mit euren Gaben dort ein, um Gott zu dienen und wenn ihr die perfekte Gemeinde sucht, die gibt es nicht. In einer Gemeinde kommen unperfekte Menschen zusammen, die durch die Liebe und die Gnade Christi zu einem Leib getauft wurden.

„Die letzten werden die ersten sein." Gott beruft oft sehr demütige, einfache Leute in seinen Dienst. Aber nicht nur... Die ersten Jünger waren Fischer.

Matthäus war Zöllner.

Jesaja war ein Mann des Hofes.

Jeremia war ein Priestersohn.

Amos und David waren Schafshirten

Paulus war ein Schriftgelehrter

Mose war ein Sohn hebräischer Sklaven, der am Hof des Pharaos in Ägypten aufgezogen wurde, weil seine hebräische Mutter ihn in ein Binsenkörbchen legte um ihn vor der befohlenen Ermordung durch die Ägypter zu schützen. Die Tochter des Pharaos fand ihn im Nil und zog ihn groß. Eines Tages ermordete Mose einen Ägypter, weil dieser einen hebräischen Sklaven auspeitschte. Als das bekannt wurde, floh er in das Land Midian, heiratete dort seine Frau Zippora und wohnte bei seinem Schwiegervater Jitro. Dort weidete er die Herde Jitros, seines Schwiegervaters, der auch der Priester

Midians war, und bekam einen Sohn, den er Gerschom nannte. Eines Tages kam er beim Schafe hüten an den Berg Gottes, den Horeb. „Da erschien ihm der Engel des Herrn in einer Feuerflamme mitten aus dem Dornbusch. Und er sah hin, und siehe, der Dornbusch brannte im Feuer, und der Dornbusch wurde nicht verzehrt. Und Mose sagte sich: Ich will doch hinzutreten und diese große Erscheinung sehen, warum der Dornbusch nicht verbrennt. Als aber der Herr sah, dass er hinzutrat, um zu sehen, da rief ihm Gott mitten aus dem Dornbusch zu und sprach: Mose! Mose! Er antwortete: Hier bin ich. Und er sprach: Tritt nicht näher heran! Zieh deine Sandalen von den Füßen, denn die Stätte, auf der du stehst, ist heiliger Boden! Dann sprach er: Ich bin der Gott deines Vaters, der Gott Abrahams, der Gott Isaaks und der Gott Jakobs. Da verhüllte Mose sein Gesicht, denn er fürchtete sich, Gott anzuschauen. Der Herr aber sprach: Gesehen habe ich das Elend meines Volkes in Ägypten, und sein Geschrei wegen seiner Antreiber habe ich gehört; ja ich kenne seine Schmerzen. Und ich bin herabgekommen, um es aus der Gewalt der Ägypter zu retten und es aus diesem Land hinaufzuführen in ein gutes und geräumiges Land, in ein Land, das von Milch und Honig überfließt."

(2. Mo 3:2-8)

Gott hat immer einen Plan, eine Berufung für dich: Wenn du bereit bist auf diesen Ruf einzugehen, kann er dich mächtig gebrauchen um die Nationen zu erschüttern und zur Buße aufzurufen. Jesus Christus sprach nach seiner Auferstehung: „Mir ist alle Macht gegeben im Himmel und auf Erden. Geht nun hin und macht alle Nationen zu Jüngern, und tauft sie auf den Namen des Vaters und des Sohnes und des Heiligen Geistes, und lehrt sie alles zu bewahren, was ich euch geboten habe! Und siehe, ich bin bei euch alle Tage bis zur Vollendung des Zeitalters." (Mt 28:18-20)

Kapitel 10: Die Taufe im Heiligen Geist (oder „der Grund, wieso die Pfingstbewegung zu ihrem Namen kam!")

Johannes der Täufer kündigte Jesus den Herrn in allen vier Evangelien (Mt 3: 11-12, Mk 1:8, Luk 3:16-17, Joh 1:33), als den, der mit Heiligem Geist tauft an. An einigen der genannten Stellen steht, dass er mit Heiligem Geist und mit Feuer taufen wird und dass er seine Tenne durch und durch reinigen wird und den Weizen wird er sammeln, die Spreu aber mit unauslöschlichen Feuer verbrennen, aber an allen vier Stellen steht, das ein Kennzeichen des Dienstes Jesu ist, dass er mit Heiligem Geist tauft. Diese Voraussage erfüllte sich an den Jüngern zu Pfingsten, wie wir in Apg 1:4-5 (:"und als er mit ihnen versammelt war, befahl er ihnen, sich nicht von Jerusalem zu entfernen, sondern auf die Verheißung des Vaters zu warten – die ihr, sagte er, von mir gehört habt; denn Johannes taufte mit Wasser, ihr aber werdet mit Heiligem Geist getauft werden nach diesen wenigen Tagen.") und dem Pfingstereignis in Apg 2:1-4 („Und als der Tag des Pfingstfestes erfüllt war, waren sie alle an einem Ort beisammen. Und plötzlich geschah aus dem Himmel ein Brausen, als führe ein gewaltiger Wind daher, und erfüllte das ganze Haus, wo sie saßen. Und es erschienen ihnen zerteilte Zungen, wie von Feuer, und sie setzten sich auf jeden Einzelnen von ihnen. Und sie wurden alle mit Heiligem Geist erfüllt und fingen an, in anderen Sprachen zu reden, wie der Geist ihnen gab auszusprechen.") nachlesen können.

Auch den Aposteln war es wichtig, dass die Neubekehrten Christen den

Heiligen Geist empfingen:

„Petrus aber sprach zu ihnen: Tut Buße, und jeder von euch lasse sich taufen (nachdem er gläubig wurde) auf den Namen Jesu Christi zur Vergebung eurer Sünden! Und ihr werdet die Gabe des Heiligen Geistes empfangen." (Apg 2:38)

„Als die Apostel in Jerusalem gehört hatten, dass Samaria das Wort Gottes angenommen habe, sandten sie Petrus und Johannes zu ihnen. Als diese hinabgekommen waren, beteten sie für sie, damit sie den Heiligen Geist empfingen; denn er war noch auf keinen von ihnen gefallen, sondern sie waren allein getauft auf den Namen des Herrn Jesus." (Apg 8:14-16)

„Es geschah aber, während Apollos in Korinth war, dass Paulus, nachdem er die höher gelegenen Gegenden durchzogen hatte, nach Ephesus kam. Und er fand einige Jünger und sprach zu ihnen: Habt ihr den Heiligen Geist empfangen, als ihr gläubig geworden seid (anhand dieser Bibelstellen kann man zweifelsfrei nachweisen, dass Wiedergeburt und Geistestaufe zwei unterschiedliche Wirkungen des einen Heiligen Geistes sind: Bei der Wiedergeburt nimmt die Person Jesus Christus als Erlöser an und der Geist wird von neuem geboren – siehe Joh 3, das Gespräch zwischen Jesus Christus und Nikodemus, auf das ich weiter oben schon mal zu sprechen kam, wo Jesus Christus sagt:: „Wenn jemand nicht von Neuem geboren wird, kann er das Reich Gottes nicht sehen … Wer an ihn – den Sohn Gottes – glaubt, wird nicht gerichtet; wer aber nicht glaubt, ist schon gerichtet, weil er nicht geglaubt hat an den Namen des einzigen Sohnes Gottes", Joh 3:3.18; diese Wiedergeburt geschieht aus „Wasser und Geist": Also aus dem Hören des Wortes Gottes - „So kommt der Glaube aber durch die Verkündigung/ Predigt, die Predigt aber aus dem Wort Christi" Röm 10:17, und der bewussten Entscheidung für Jesus. Und die Geistestaufe verstehen wir Pfingstler – als Bibel lesende Christen – als die Ausrüstung bzw. Bevollmächtigung mit Kraft aus der Höhe und Mut zum Zeugendienst, um das Evangelium vollmächtig und freimütig zu verkünden)? Sie aber sprachen zu ihm: Wir haben nicht einmal gehört, ob der Heilige Geist überhaupt da ist. Und er sprach: Worauf seid ihr denn getauft worden? Sie aber sagten: Auf die Taufe des Johannes. Paulus aber sprach: Johannes hat mit der Taufe der Buße getauft, indem er dem Volk sagte, dass sie an den glauben sollten, der nach ihm komme, das ist an Jesus. Als sie es aber gehört hatten, ließen sie sich auf den Namen des Herrn Jesus taufen, und als Paulus ihnen die Hände aufgelegt hatte, kam der Heilige Geist auf sie und sie redeten in Zungen/ Sprachen und weissagten. Es waren aber insgesamt etwa zwölf Männer." (Apg 19:1-7)

Das vierte Beispiel, wo eine oder mehrere Personen in der Apostelgeschichte den Heiligen Geist empfangen, sind die Ereignisse im Hause des Kornelius, eines römischen Hauptmanns – also eigentlich ein Heide, der aber fromm und gottesfürchtig war – der sah im Gebet einen Engel, der ihm sagte, dass seiner Gebete und seiner Almosen von Gott gedacht wurde und dass er Männer nach Joppe senden sollte, die Simon Petrus holen sollten. Während dessen stieg Petrus auf das Dach um zu beten. Er bekam aber Hunger und während sie ihm etwas zu Essen zubereiteten, kam eine Verzückung über ihn (er bekam ein prophetisches Bild) und er sah „den Himmel geöffnet und ein Gefäß, gleich einem großen, leinenen Tuch, kam herab, an vier Zipfeln wurde es auf die Erde herabgelassen; und darin waren allerlei vierfüßige und kriechende Tiere der Erde und Vögel des Himmels. Und eine Stimme erging an ihn: Steh auf, Petrus, schlachte und iss! Petrus aber sprach: Keineswegs, Herr! Denn niemals habe ich etwas Gemeines oder Unreines gegessen. Und wieder erging eine Stimme zum Zweiten Mal an ihn: Was Gott gereinigt hat, mach du nicht unrein! Dies geschah aber dreimal (manchmal braucht es etwas länger, bis auch wir verstehen was der Wille Gottes ist) und das Gefäß wurde sogleich hinauf genommen in den Himmel. Als aber Petrus bei sich selbst in Verlegenheit war, was wohl diese Erscheinung bedeutete, die er gesehen hatte, siehe, da standen die Männer, die von Kornelius gesandt waren und Simons Haus erfragt hatten, vor dem Tor; und als er sie gerufen hatte, erkundigten sie sich, ob Simon mit dem Beinamen Petrus dort herberge. Während aber Petrus über die Erscheinung nachsann, sprach der Geist zu ihm: Siehe, drei Männer suchen dich. Steh aber auf, geh hinab und zieh mit ihnen, ohne irgend zu zweifeln, weil ich sie gesandt habe! Petrus aber ging zu den Männern hinab und sprach: Siehe, ich bin's den ihr sucht. Was ist die Ursache, weshalb ihr kommt? Sie aber sprachen: Kornelius, ein Hauptmann, ein gerechter und gottesfürchtiger Mann, und der ein gutes Zeugnis hat von der ganzen Nation der Juden, ist von einem heiligen Engel göttlich angewiesen worden, dich in sein Haus holen zu lassen und Worte von dir zu hören. Als er sie nun hereingerufen hatte, beherbergte er sie. Am folgenden Tag aber machte er sich auf und zog mit ihnen fort, und einige der Brüder von Joppe gingen mit ihm; und am folgenden Tag kamen sie nach Cäsarea. Kornelius aber, der seine Verwandten und nächsten Freunde zusammengerufen hatte, erwartete sie.

Als es aber geschah, dass Petrus hereinkam, ging Kornelius ihm entgegen, fiel ihm zu Füßen und huldigte ihm. Petrus aber richtete ihn auf und sprach: Steh auf! Auch ich bin ein Mensch. Und während er sich

mit ihm unterhielt, ging er hinein und findet viele versammelt. Und er sprach zu ihnen: Ihr wisst, wie unerlaubt es für einen jüdischen Mann ist, sich einem Fremdling anzuschließen oder zu ihm zu kommen; und mir hat Gott gezeigt, keinen Menschen gemein oder unrein zu nennen. Darum kam ich auch ohne Widerrede, als ich geholt wurde. Ich frage nun: Aus welchem Grund habt ihr mich holen lassen? Und Kornelius sprach: Vor vier Tagen betete ich in meinem Haus bis zu dieser, der neunten Stunde; und siehe, ein Mann steht vor mir in glänzendem Gewand und spricht: Kornelius! Dein Gebet ist erhört, und deiner Almosen ist gedacht worden vor Gott. Sende nun nach Joppe und lass Simon holen mit dem Beinamen Petrus! Dieser herbergt im Hause Simons, eines Gerbers, am Meer. Sofort nun sandte ich zu dir, und du hast wohlgetan, dass du gekommen bist. Jetzt sind wir nun alle vor Gott zugegen, um alles zu hören, was dir vom Herrn aufgetragen ist. Petrus aber tat den Mund auf und sprach: In Wahrheit begreife ich, dass Gott die Person nicht ansieht, sondern in jeder Nation ist, wer ihn fürchtet und Gerechtigkeit wirkt, ihm angenehm. Das Wort, das er den Söhnen Israels gesandt hat, indem er Frieden verkündigte durch Jesus Christus – dieser ist aller Herr – kennt ihr; die Sache, die, angefangen von Galiläa, durch ganz Judäa hin geschehen ist, nach der Taufe, die Johannes predigte; Jesus von Nazareth, wie Gott ihn mit Heiligem Geist und mit Kraft gesalbt hat, der umher ging und wohltat und alle heilte, die von dem Teufel überwältigt waren, denn Gott war mit ihm. Und wir sind Zeugen alles dessen, was er sowohl im Lande der Juden als auch in Jerusalem getan hat; den haben sie auch umgebracht, indem sie ihn an ein Holz hängten. Diesen hat Gott am dritten Tag auferweckt und ihn sichtbar werden lassen, nicht dem ganzen Volk, sondern den von Gott zuvor erwählten Zeugen, uns, die wir mit ihm gegessen und getrunken haben, nachdem er aus den Toten auferstanden war. Und er hat uns befohlen, dem Volk zu predigen und eindringlich zu bezeugen, dass er der von Gott verordnete Richter der Lebenden und der Toten ist. Diesem geben alle Propheten Zeugnis, dass jeder, der an ihn glaubt, Vergebung der Sünden empfängt durch seinen Namen.

WÄHREND PETRUS NOCH DIESE WORTE REDETE, FIEL DER HEILIGE GEIST AUF ALLE, DIE DAS WORT HÖRTEN. UND DIE GLÄUBIGEN AUS DER BESCHNEIDUNG, SO VIELE IHRER MIT PETRUS GEKOMMEN WAREN, GERIETEN AUSSER SICH, DASS AUCH AUF DIE NATIONEN DIE GABE DES HEILIGEN GEISTES AUSGEGOSSEN WORDEN WAR; DENN SIE HÖRTEN SIE IN ZUNGEN REDEN UND GOTT ERHEBEN. Dann antwortete Petrus: Könnte wohl jemand das Wasser verwehren, dass diese nicht getauft würden, die den Heiligen Geist empfangen haben wie auch wir?" (Apg 10:1-47)

„Saulus aber schnaubte immer noch Drohung und Mord gegen die Jünger des Herrn, ging auch zu dem Hohen Priester und erbat sich von ihm Briefe nach Damaskus an die Synagogen, damit, wenn er einige, die des Weges waren (also Christen), fand, Männer wie auch Frauen, er sie gebunden nach Jerusalem führte. Als er aber hinzog, geschah es, dass er sich Damaskus näherte. Und plötzlich umstrahlte ihn ein Licht aus dem Himmel; und er fiel auf die Erde und hörte eine Stimme, die zu ihm sprach: Saul, Saul, was verfolgst du mich? Er aber sprach: Wer bist du Herr? Er aber sagte: Ich bin Jesus, den du verfolgst. Doch steh auf und geh in die Stadt, und es wird dir gesagt werden, was du tun sollst! Die Männer aber, die mit ihm des Weges zogen, standen sprachlos, da sie wohl die Stimme hörten, aber niemand sahen. Saulus aber richtete sich von der Erde auf. Als sich aber seine Augen öffneten, sah er nichts. Und sie leiteten ihn bei der Hand und führten ihn nach Damaskus. Und er konnte drei Tage nicht sehen und aß nicht und trank nicht.

Es war aber ein Jünger in Damaskus, mit Namen Hananias; und der Herr sprach zu ihm in einer Erscheinung: Hananias! Er aber sprach: Siehe, hier bin ich, Herr! Der Herr aber sprach zu ihm: Steh auf und geh in die Straße, welche die „Gerade" genannt wird, und frage im Haus des Judas nach einem mit Namen Saulus von Tarsus! Denn siehe, er betet; und er hat in der

Erscheinung einen Mann mit Namen Hananias gesehen, der hereinkam und ihm die Hände auflegte, damit er wieder sehend wird. Hananias aber antwortete: Herr, ich habe von vielen über diesen Mann gehört, wie viel Böses er deinen Heiligen in Jerusalem getan hat. Und hier hat er Vollmacht von den Hohen Priestern, alle zu binden, die deinen Namen anrufen. Der Herr aber sprach zu ihm: Geh hin! Denn dieser ist mir ein auserwähltes Werkzeug, meinen Namen zu tragen sowohl vor Nationen als auch vor Könige und Söhne Israel. Denn ich werde ihm zeigen, wie vieles er für meinen Namen leiden muss. Hananias aber ging hin und kam in das Haus; und er legte ihm die Hände auf und sprach: Bruder Saul, der Herr hat mich gesandt, Jesus – der dir erschienen ist auf dem Weg, den du kamst -, damit du wieder sehend und mit dem Heiligen Geist erfüllt wirst. Und sogleich fiel es wie Schuppen von seinen Augen, und er wurde sehend, und stand auf und ließ sich taufen." (Apg 9:1-18)

Wir haben jetzt fünf Beispiele gesehen, wo eine oder mehrere Personen den Heiligen Geist empfangen haben. In der Regel haben sie danach in Sprachen gebetet. Deswegen ist die klassisch Pfingstliche Lehre von der Zungenrede als erstem Zeichen für den Empfang des Heiligen Geistes durchaus legitim. Saulus, der von Gott beauftragt wurde, das Evangelium zu den Heiden zu bringen, hat übrigens selbst auch in Zungen geredet, denn er sagt im 1. Kor. 14:18: „Ich danke Gott, ich rede mehr in Sprachen, als ihr alle. Aber in der Gemeinde will ich lieber fünf Worte mit meinem Verstand reden, damit ich auch andere unterweise, als zehntausend Worte in einer Sprache".

Er verbietet das Sprachenreden nicht, aber es geht ihm um den geregelten Umgang damit: Die Zungenrede ist eine Gebetssprache, die den Beter auferbaut und ihn für Gottes reden öffnet („Denn wer in einer Sprache redet, redet nicht zu Menschen, sondern zu Gott; denn niemand versteht es, im Geist aber redet er Geheimnisse." 1. Kor 14:2) Paulus nennt das Zungenreden auch „Beten im Geist"

(„Was ist nun? Ich will beten mit dem Geist, aber ich will auch beten mit dem Verstand", 1. Kor. 14:15- was ja auch ein legitimes Anliegen ist). Weitere Stellen, die das Thema „beten im Geist" behandeln sind diese: „Mit allem Gebet und Flehen betet zu jeder Zeit im Geist, und wacht hierzu in allem Anhalten und Flehen für alle Heiligen und auch für mich, damit mir Rede verliehen wird, wenn ich meinen Mund öffne, mit Freimütigkeit das Geheimnis des Evangeliums bekannt zu machen – für das ich ein Gesandter in Ketten bin - , damit ich in ihm freimütig rede, wie ich reden soll." (Eph 6:18)

Und: „Ihr aber, Geliebte, erbaut euch auf eurem heiligsten Glauben, betet im Heiligen Geist." (Jud 20)

Was wir noch gesehen haben, ist, dass bei den ersten Christen, gleich nach der Bekehrung oder aber vor oder nach der Taufe im Heiligen Geist, die Wassertaufe folgte, wie wir nach der Bekehrung des Saulus in Apg 9:18, dann nachdem die Heiden im Hause des Kornelius den Heiligen Geist empfingen (in Apg 10:44-48 befahl Petrus, dass sie getauft werden.) sehen. Selbst Jesus Christus ließ sich taufen bei Johannes dem Täufer, „um alle Gerechtigkeit zu erfüllen" (Mt 3:13-16), obwohl er Gott war, aber Mensch („Fleisch") wurde (Joh 1:1-17: „Im Anfang war das Wort, und das Wort war bei Gott, und das Wort war Gott. Dieses war im Anfang bei Gott. Alles wurde durch dasselbe, und ohne dasselbe wurde auch nicht eines, das geworden ist. In ihm war Leben, und das Leben war das Licht der Menschen. Und das Licht scheint in die Finsternis und die Finsternis hat es nicht erfasst. Da war ein Mensch, von Gott gesandt, sein Name: Johannes. Dieser kam zum Zeugnis, dass er zeugte von dem Licht, damit alle durch ihn glaubten. Er war nicht das Licht, sondern er kam, dass er zeugte von dem Licht. Das war das wahrhaftige Licht, das, in die Welt kommend, jeden Menschen erleuchtet. Er war in der Welt, und die Welt wurde durch ihn, und die Welt erkannte ihn nicht. Er kam in das Seine, und die Seinen nahmen ihn nicht an; so viele ihn aber aufnahmen, denen gab er das Recht, Kinder Gottes zu werden, denen, die an seinen Namen glauben, die nicht aus Geblüt, auch nicht aus dem Willen des Fleisches, auch nicht aus dem Willen des Mannes, sondern aus Gott geboren sind. Und das Wort wurde Fleisch und wohnte unter uns, und wir haben seine Herrlichkeit angeschaut, eine Herrlichkeit als eines Einzigen vom Vater, voller Gnade und Wahrheit.- Johannes zeugt von ihm und rief und sprach: Dieser war es, von dem ich sagte: Der nach mir kommt, ist vor mir geworden, denn er war eher als ich.- Denn aus seiner Fülle haben wir alle empfangen, und zwar Gnade um Gnade.

Denn das Gesetz wurde durch Mose gegeben; die Gnade und die Wahrheit ist durch Jesus Christus geworden") und alles durchlebt hat wie wir, bloß ohne Sünde „Da wir nun einen großen Hohen Priester haben, der durch die Himmel gegangen ist, Jesus, den Sohn Gottes, so lasst uns das Bekenntnis festhalten! Denn wir haben nicht einen Hohen Priester, der nicht Mitleid haben könnte mit unseren Schwachheiten, sondern der in allem in gleicher Weise wie wir versucht worden ist, doch ohne Sünde."(Hebr 4:14-15)

„Habt diese Gesinnung in euch, die auch in Christus Jesus war, der in Gestalt Gottes war und es nicht für einen Raub hielt, Gott gleich zu sein.

ABER ER ENTÄUSSERTE SICH UND NAHM KNECHTSGESTALT AN, INDEM ER DEN MENSCHEN GLEICH GEWORDEN IST, UND DER

GESTALT NACH WIE EIN MENSCH BEFUNDEN, ERNIEDRIGTE ER SICH SELBST UND WURDE GEHORSAM BIS ZUM TOD, JA, ZUM TOD AM KREUZ. DARUM HAT GOTT IHN AUCH HOCH ERHOBEN UND IHM DEN NAMEN VERLIEHEN, DER ÜBER JEDEN NAMEN IST, DAMIT IN DEM NAMEN JESU

JEDES KNIE SICH BEUGT, DER HIMMLISCHEN UND IRDISCHEN UND UNTERIRDISCHEN; UND JEDE ZUNGE BEKENNT, DASS JESUS CHRISTUS HERR IST, ZUR EHRE GOTTES DES VATERS."(Phil 2:5-11)

Jesus Christus nachfolgen heißt unter anderem auch als Zeuge für Jesus zu leben. Seine wunderwirkende Kraft im Leben zu erfahren und dann in der Gemeinde und vor der Welt zu bezeugen. Gott benutzt kaputte Menschen und stellt sie wieder her („Das geknickte Rohr wird er nicht zerbrechen, und den glimmenden Docht wird er nicht auslöschen. In Treue bringt er das Recht hinaus. Er wird nicht verzagen noch zusammenbrechen, bis er das Recht auf Erden aufgerichtet hat." Jes. 42:3-4). Dies geschieht durch das Kreuz an dem Jesus stellvertretend für uns litt und starb. Er hat unseren Schuldbrief getilgt. Er hat die Strafe für alles, was uns von Gott trennt, auf sich genommen. Wir können wieder zu Gott kommen, zu unserem liebenden Vater. Der lebendige Gott kennt dich doch! Er kennt dich und er liebt dich. Er wartet schon auf dich. Er will dich mit seiner Liebe erfüllen. Er will deine Wunden heilen, wo du von anderen enttäuscht, verletzt und entmutigt wurdest. Gott will, dass du ihm das abgibst, ihm vertraust. Er erstattet dir wieder, was der Feind dir geraubt hat. Jesus sagt: „Werdet wie die Kinder." Ein Kind weiß, dass sein Vater nur Gutes für es will. Ein Kind vertraut seinem Vater und weiß, dass er es liebt.

Leider sind viele ihrer Freude, ihrem kindlichen Vertrauen zu Gott beraubt worden. Sie sind durch die Lebensumstände so zu Boden geworfen worden, dass sie niemandem mehr vertrauen können: „In der Welt habt ihr Bedrängnis (oder Angst), aber seid guten Mutes, ich habe die Welt überwunden." (Joh 16:33) Satan ist besiegt worden am Kreuz.

Jesus will uns ein neues Leben geben, ein Leben in Fülle.

Er will in uns wohnen. Er will, dass wir das Himmelreich auf die Erde bringen: „Was meint ihr? Wenn ein Mensch hundert Schafe hätte und eins von ihnen sich verirrte, lässt er nicht die neunundneunzig auf den Bergen und geht hin und sucht das irrende? Und wenn es geschieht, dass er es findet, wahrlich, ich sage euch, er freut sich mehr über dieses als über die neunundneunzig, die nicht verirrt sind. So ist es nicht der Wille von eurem Vater, der in den Himmeln ist, dass eines dieser Kleinen verloren geht. Wenn dein Bruder aber sündigt, so geh hin, überführe ihn zwischen dir und ihm allein! Wenn er auf dich hört, so hast du deinen Bruder zurückgewonnen. Wenn er aber nicht hört, so nimm noch einen oder zwei mit dir, damit aus zweier oder dreier

Zeugen Mund jede Sache bestätigt wird! Wenn er aber nicht auf sie hören wird, so sage es der Gemeinde; wenn er aber auch auf die Gemeinde nicht hören wird, so sei er dir wie der Heide und der Zöllner! Wahrlich, ich sage euch: Wenn ihr etwas auf der Erde bindet, wird es im Himmel gebunden sein, und wenn ihr etwas auf der Erde löst, wird es im Himmel gelöst sein. Wiederum sage ich euch: Wenn zwei von euch auf der Erde übereinkommen, irgendeine Sache zu erbitten, so wird sie ihnen werden von meinem Vater, der in den Himmeln ist. Denn wo zwei oder drei versammelt sind in meinem Namen, da bin ich in ihrer Mitte." (Mt 18:12-20)

Gott wirkt Wunder in deinem Leben, wenn du es zulässt.

Wunder sind Zeichen für die Allmacht Gottes und für seine Gegenwart. Wenn du ein Wunder brauchst, bitte Gott darum! So wie wir uns ganz Gott geben, kann Gott sich auch ganz uns geben.

So entsteht eine Beziehung: Geben und Nehmen! Der Bruder des verlorenen Sohnes hat sich nichts vom Tisch des Vaters gegönnt. Deshalb war er hartherzig und hatte keine Freude am Leben. So wird man schnell mal zum Pharisäer. Achtet nur noch auf das Äußere, nicht mehr auf Gottes Liebe und Erbarmen, so stellt sich schnell eine „Scheinfrömmigkeit" ein, die sich in blindem Aktionismus äußert, aber das wichtigste: Die Liebe zu Gott und dem Nächsten, außer Acht lässt. Die Liebe Gottes auch mal empfangen. Die Taufe im Heiligen Geist ist die Begegnung unseres menschlichen Geistes – das ist unser „Organ", mit dem wir Gott wahrnehmen können (der Mensch besteht aus Körper, Seele und Geist und durch den Sündenfall werden alle diese Teile anfällig für Krankheiten.

Es gibt auch eine Krankheit zum Tode, also sterben müssen wir alle. Die Frage ist nur wo wir die Ewigkeit verbringen: Himmel oder Hölle. Jesus Christus sagt dir heute: „Folge mir nach!" Und glaube mir: Es lohnt sich!

Selbst, wenn du verfolgt wirst, verraten und verkauft wirst, von deiner Familie verstoßen wirst, weil du zu Jesus gehörst. Gott ist für dich da! In der Gemeinde findest du Geschwister im Glauben, die auch Jesus nachfolgen wollen. Man reibt sich auch mal aneinander: „Eisen wird durch Eisen geschärft, und ein Mann schärft das Angesicht seines Nächsten" (Spr 27:17)

Aber man baut das Reich Gottes („Denn ihr alle, die ihr auf Christus getauft worden seid, ihr habt Christus angezogen. Da ist nicht Jude noch Grieche, da ist nicht Sklave noch Freier, da ist nicht Mann noch Frau, denn ihr alle seid einer in Christus Jesus." (Gal 3:27-28)) mit dem Heiligen Geist und das führt zu Anbetung im Geist und in der Wahrheit! Der Heilige Geist ist unser Beistand und Tröster, der zur Unterstützung herbeigerufene, der Heilige Geist kommt nur wenn er eingeladen wurde. Der Heilige Geist ist ein Gentleman.

Er verherrlicht und verklärt immer Jesus und den Vater im Himmel.

In der Gemeinde kann man sich mit seinen Gaben einbringen. Mit seinen natürlichen Gaben: den Gottesdienstraum oder -saal schmücken, fegen/Staub saugen, sich in Gartenfesten einbringen, usw. Aber auch mit seinen geistlichen Gaben: evangelisieren (Leuten das Evangelium nahebringen), ein prophetisches Wort, Bild oder Bibelvers einer Person, Gemeinde oder Volk oder ähnliches weitergeben. Auch prophetische Malerei, Tanz, Musik oder sonstige Kunst kann von Gott benutzt werden um Menschen zu heilen, befreien oder Gottes Liebe zu zeigen.

Manche haben auch besonders auf dem Herzen in der Fürbitte für ihr Land, die Gemeinde, oder auch im persönlichen Gebet für sich selbst einzustehen)...Gott sei gepriesen, dem alleinigen, heiligen, lebendigen Gott der Bibel, der ein verzehrendes Feuer ist, sei alle Ehre von Anbeginn der Zeit bis in alle Ewigkeit in Jesu heiligem Namen, Amen

„Demütigt euch nun unter die gewaltige Hand Gottes, damit er euch erhöht zur rechten Zeit, indem ihr alle eure Sorge auf ihn werft! Denn er ist besorgt für euch. Seid nüchtern und wacht! Euer Widersacher, der Teufel, geht umher wie ein brüllender Löwe und sucht, wen er verschlingen kann. Dem widersteht standhaft durch den Glauben, da ihr wisst, dass dieselben Leiden sich an eurer Bruderschaft in der Welt vollziehen. Der Gott aller Gnade aber, der euch berufen hat zu seiner ewigen Herrlichkeit in Christus, er selbst wird euch, die ihr eine kurze Zeit gelitten habt, vollkommen machen, stärken, kräftigen, gründen. Ihm sei die Macht in Ewigkeit! Amen" (1. Petr. 5:6-11)

Kapitel 11: Gottes Reich und Satans Reich

Der Teufel ist das personifizierte Böse.

Während Gottes Reich aus Frieden, Kraft, Heilung, Freiheit (in Unterordnung unter Gott und der von Gott gegebenen Autoritäten, wie die staatliche Gewalt, die ihre Autorität von Gott hat, soweit sie die Ausübung des christlichen Glaubens nicht verhindern will. Ich befürworte die Trennung von Kirche und Staat, bin aber dafür für die Obrigkeiten zu beten und sie gegebenenfalls seelsorgerlich zu beraten und Unterordnung unter biblische Gemeindeleitung zu leben „Gedenkt eurer Führer, die das Wort Gottes zu euch geredet haben! Schaut den Ausgang ihres Wandels an, und ahmt ihren Glauben nach!... Gehorcht und fügt euch euren Führern! Denn sie wachen über eure Seelen, als solche, die Rechenschaft geben werden, damit sie dies mit Freuden tun und nicht mit Seufzen" Hebr 13:7.17, Damit meint die Bibel nicht, dass man irgendeinem fehlgeleiteten Propheten oder esoterischen Geistheiler hinterherrennen muss sondern dass die Bibel in Lebens- und Glaubensfragen absolut zuverlässig ist und dass das Wort Gottes Kraft hat Leben wirklich zu verändern und Gott die Gemeindeleitung segnet und unter seinen Schutz stellt. In einer Atmosphäre des Glaubens können Wunder geschehen. Aber wir waren beim Thema „Freiheit durch Unterordnung“: Jesus Christus macht frei!!! Frei von Gebundenheiten, Süchten und Ängsten bzw Zwängen. Er scheint mit seinem Licht in unsere Dunkelheit damit wir auch Kinder des Lichtes Gottes sind und in der Welt ein Licht anzünden), Gnade, Vergebung, göttlicher Weisheit (durch die er die Erde gründete und die uns durch Christus zu Teil wird), Wahrheit, Glaube, Liebe, Hoffnung besteht, besteht Satans Reich aus Sünde, Gier, Neid, Hass, Mord, Streit, Anklagen (deswegen wird er in der Bibel auch „Verkläger der Brüder“ genannt, Offb 12:10), Krieg. Er ist der Ursprung allen Bösen. Bei Hiob klagte Satan Hiob, der ein gerechter Mann war, wie es seinesgleichen nicht mehr viele weitere gab und gibt, vor Gott an. Er sagte, er durchstreifte die Erde. Und Gott sprach: Hast du achtgehabt auf meinen Knecht Hiob? Denn es gibt keinen wie ihn auf Erden – ein Mann, so rechtschaffen und redlich, der Gott fürchtet und das Böse meidet! Und der Satan (Satan heißt auf Hebräisch: Widersacher und das Wort „Teufel“ kommt vom griechischen Wort Diabolos und bedeutet „Durcheinanderbringer“) antwortete dem Herrn und sagte: Ist Hiob denn umsonst so gottesfürchtig? Hast du selbst nicht ihn und sein Haus und alles, was er hat, rings umhegt? Das Werk seiner Hände hast du gesegnet, und sein Besitz hat sich im Land ausgebreitet. Strecke jedoch nur einmal deine Hand aus und taste alles an, was er hat, ob er dir nicht ins Angesicht flucht. Der Herr erlaubte Satan daraufhin Hiob zuerst seinen Besitz zu rauben, dann seine Familie und dann seine Gesundheit. Hiob sagte jedes Mal nur: „der Herr hat es gegeben, der Herr hat es genommen. Gepriesen sei der Name des Herrn." Dann kamen noch seine drei Freunde und wollten ihn trösten. Aber anstatt auf ihn einzugehen und ihn „sich auskotzen" zu lassen, kamen sie erstmal auf die Idee, ihn mit „frommen" Sprüchen zu malträtieren. Sie hatten die theologische Erkenntnis, dass Leid nur durch Sünde verursacht sein kann und wollten Hiob dann noch einreden, dass er selbst schuld ist an seinem Leid, weil Gott ja nur die Sünder straft, was so ja nicht stimmt. Wir Christen sind hier auf Erden nur Gäste und Fremdlinge. Unser Bürgerrecht ist in den Himmeln. Deswegen hasst uns die Welt, weil wir nicht mehr in ihrem Geist sind. Wir sind vom Himmel her neu geboren und gehören zum Reich Gottes. Satan versucht alles um uns aus Gottes Schutz herauszulocken und in die ewige Verdammnis zu führen. Jesus Christus hat Satan am Kreuz besiegt. Satan hatte keinen Raum in ihm. Schon bei der Versuchung Jesu in der Wüste gab Jesus Satan nicht den geringsten Raum. Wir können festhalten: Jesus wurde vom Heiligen Geist in die Wüste geführt (Mt 4:1). Also können wir damit rechnen, dass es auch in unserem Leben, als Jünger Jesu, Wüstenzeiten bzw. Zeiten der Bewährung gibt, in denen der Teufel uns auf die Probe stellt: „Unterwerft euch nun Gott! Widersteht aber dem Teufel! Und er wird vor euch fliehen" (Jak 4:7)

Jesus wurde also vom Geist in die Wüste geführt um vom Teufel versucht zu werden. „Und als er vierzig Tage und vierzig Nächte gefastet hatte, hungerte ihn schließlich. Und der Versucher trat zu ihm hin und sprach: Wenn du Gottes Sohn bist, so sprich, dass diese Steine Brote werden! Er aber antwortete und sprach: Es steht geschrieben:>>

Nicht vom Brot allein soll der Mensch leben, sondern von jedem Wort, das durch den Mund Gottes ausgeht.<< Darauf nimmt ihn der Teufel mit in die heilige Stadt und stellte ihn auf die Zinne des Tempels und spricht zu ihm: Wenn du Gottes Sohn bist, so wirf dich hinab! Denn es steht geschrieben:>> Er wird seinen Engeln über dir befehlen, und sie werden dich auf den Händen tragen, damit du deinen Fuß nicht etwa an einen Stein stößt.<< (Das steht jetzt, soweit ich weiß, nicht in der Bibel, es passt aber: Wenn der Teufel dich nicht bremsen kann, versucht er, dich zu schieben).Jesus sprach zu ihm: Wiederum steht geschrieben:>> Du sollst den Herrn, deinen Gott, nicht versuchen.<< Wiederum nimmt der Teufel ihn mit auf einen sehr hohen Berg und zeigt ihm alle Reiche der Welt und ihre Herrlichkeit und sprach zu ihm: Dies alles will ich dir geben, wenn du niederfallen und mich anbeten willst. Da spricht Jesus zu ihm: Geh hinweg, Satan! Denn es steht geschrieben:>>Du sollst den Herrn, deinen Gott, anbeten und ihm allein dienen. <<

Dann verlässt ihn der Teufel, und siehe, Engel kamen herbei und dienten ihm." (Mt 4:1-11)

Das war der Beginn des Dienstes Jesu. Er berief seine zwölf Apostel (Apostel bedeutet „Gesandter") und „als er sie zusammengerufen hatte, gab er ihnen Kraft und Vollmacht über alle Dämonen und zur Heilung von Krankheiten.

Und er sandte sie, das Reich Gottes zu predigen und die Kranken gesund zu machen. Und er sprach zu ihnen: Nehmt nichts mit auf den Weg: weder Stab noch Tasche noch Brot noch Geld, noch soll jemand zwei Unterkleider haben! Und in welches Haus ihr eintretet, dort bleibt, und von da geht weiter! Und wo immer sie euch nicht aufnehmen werden – geht fort aus jener Stadt und schüttelt auch den Staub von euren Füßen, zum Zeugnis gegen sie! Sie gingen aber hinaus und durchzogen die Dörfer nacheinander, indem sie die gute Botschaft verkündigten und überall heilten." (Luk. 9:1-6).

Nachdem Jesus die zwölf aussandte multiplizierte er das Reich Gottes in siebzig weitere Jünger, die das Evangelium verkündigten und die Kranken heilten:

„Nach diesem aber bestimmte der Herr siebzig andere und sandte sie zu je zwei vor seinem Angesicht her in jede Stadt und jeden Ort, wohin er selbst kommen wollte. Er sprach aber zu ihnen: Die Ernte zwar ist groß, die Arbeiter aber sind wenige. Bittet nun den Herrn der Ernte, dass er Arbeiter aussende in seine Ernte! Geht hin! Siehe, ich sende euch wie Lämmer mitten unter Wölfe. Tragt weder Börse noch Tasche noch Sandalen, und grüßt niemand auf dem Weg! In welches Haus ihr aber eintretet, sprecht zuerst: Friede diesem Haus! Und wenn dort ein Sohn des Friedens ist, so wird euer Friede auf ihm ruhen; wenn aber nicht, so wird er zu euch zurückkehren. In diesem Haus aber bleibt, und esst und trinkt, was sie haben! Denn der Arbeiter ist seines Lohnes wert. Geht nicht aus einem Haus in ein anderes! Und in welche Stadt ihr kommt, und sie nehmen euch auf, esst, was euch vorgesetzt wird, und heilt die Kranken darin und sprecht zu ihnen: Das Reich Gottes ist nahe zu euch gekommen. In welche Stadt ihr aber gekommen seid, und sie nehmen euch nicht auf, da geht hinaus auf ihre Straßen und sprecht: Auch den Staub, der uns aus eurer Stadt an den Füßen hängt, schütteln wir gegen euch ab; doch dies wisst, dass das Reich Gottes nahe herbeigekommen ist. Ich sage euch, dass es Sodom an jenem Tag erträglicher ergehen wird als jener Stadt.

Wehe dir, Chorazin! Wehe dir Betsaida! Denn wenn in Tyrus und Sidon die Wunderwerke geschehen wären, die unter euch geschehen sind, längst hätten sie, in Sack und Asche sitzend, Buße getan. Doch Tyrus und Sidon wird es erträglicher ergehen im Gericht als euch. Und du Kapernaum, wirst du etwa bis zum Himmel erhöht werden? Bis zum Hades (Totenreich) wirst du hinabgestoßen werden. Wer euch hört, hört mich; wer euch verwirft, verwirft mich; wer aber mich verwirft, verwirft den, der mich gesandt hat.

Die Siebzig aber kehrten mit Freuden zurück und sprachen: Herr, auch die Dämonen sind uns untertan in deinem Namen. Er sprach aber zu ihnen: Ich schaute den Satan wie einen Blitz vom Himmel fallen. Siehe ich habe euch die Macht gegeben, auf Schlangen und Skorpione zu treten, und über die ganze Kraft des Feindes, und nichts soll euch schaden. Doch darüber freut euch nicht, dass euch die Geister untertan sind; freut euch aber, dass eure Namen in den Himmeln angeschrieben sind! In dieser Stunde jubelte Jesus im Geist und sprach: Ich preise dich, Vater, Herr des Himmels und der Erde, dass du dies vor Weisen und Verständigen verborgen hast und hast es Unmündigen offenbart. Ja, Vater, denn so war es wohlgefällig vor dir." (Luk 10:1-21)

Jüngerschaft ist wichtig: zu den Füßen Jesu sitzen, hören was er dir sagt...

Aber es ist auch wichtig Jesus nachzufolgen und das Kreuz auf sich zu nehmen und andere zur Nachfolge zu ermutigen, bzw sie zu Jesus bringen: Die Gemeinde ist wie ein Schiff in einer stürmischen See und wir sind die Rettungsboote die von dem großen Schiff hinabgelassen werden, um die Ertrinkenden zu retten. In Eph 4:11-13 steht: "Und er hat die einen als Apostel gegeben und andere als Propheten, andere als Evangelisten, andere als Hirten und Lehrer, zur Ausrüstung der Heiligen für das Werk des Dienstes (Jesus hat einiges umgedreht : In der Welt ist es wichtig, der Größte zu sein. Jesus Christus sagt: „Ihr wisst, dass die Regenten der Nationen sie beherrschen und die Großen Gewalt gegen sie üben. Unter euch wird es nicht so sein; sondern wenn jemand unter euch groß werden will, wird er euer Diener sein, und wenn jemand unter euch der Erste sein will, wird er euer Sklave sein; so wie der Sohn des Menschen nicht gekommen ist, um bedient zu werden, sondern um zu dienen und sein Leben zu geben als Lösegeld für viele."(Mt 20:25- 28)), für die Erbauung des Leibes Christi, bis wir alle hingelangen zur Einheit des Glaubens und der Erkenntnis des Sohnes Gottes, zur vollen Mannesreife, zum Maß der vollen Reife Christi."

Das wichtigste ist: Gott kennt unser Herz und ist es noch so schwarz und verkrustet, er kann mit seinem Licht hineinscheinen in unsere Dunkelheit und uns wieder kindlichen Glauben schenken. Die Frage ist nur: Lassen wir es zu? Jesus liebt uns so unendlich!!! Er hat all unsere Haare auf dem Kopf gezählt. Er hat unsere Namen in seine Hände geritzt. Er starb für uns den unvorstellbar grausamen Tod am Kreuz. Er ließ sich auspeitschen, auslachen, verspotten, nur um unser Herz zu gewinnen. Er starb für uns als wir noch Sünder waren. Er nahm unser aller Schuld auf sich, nur damit er uns aus den Fesseln Satans befreite... Wenn noch dunkle Stellen in deinem Herz sind... vielleicht Depressionen die einfach nicht weggehen oder eine körperliche Erkrankung, eine Sucht: Jesus macht frei!!! Er starb damit du frei wirst. Lass Jesus jetzt in dein Leben und du wirst wahre Freiheit erleben. Du wirst leben - wirklich leben!!! Nachfolge bedingt Gehorsam, aber Jesus ist es wert! Er gibt die juristische Garantie, dass du - wenn du Jesus nachfolgst – ewiges Leben, das heißt: Freiheit im Geist, Heilung an Seele und Körper und die Ewigkeit im Paradies bekommst. Darum feiern wir Gottesdienste: um die Beziehung zu unserem Schöpfer zu feiern. In den meisten Pfingstgemeinden wird der Lobpreis mit modernen Instrumenten begleitet, zB. Mit Gitarre und / oder Keyboard vielleicht auch Schlagzeug oder Bass.

In der Bibel wurden auch die unterschiedlichsten Instrumente für den Lobpreis genutzt: zB. Zimbeln, Harfe, Pauken, Saitenspiel, Zither, Tamburin, Flöte und das Schofarhorn.

Ich bin überzeugt: Man kann mit jedem Instrument Gott preisen – auch mit dem PC oder Laptop. Als die ersten Pfeifenorgeln aufkamen, liefen ausgerechnet die Pastoren Amok und sagten, dies sei ein „rechter Satanskasten", wie ich einer Predigt von Ingolf Ellßel, dem ehemaligen Präses des Bundes Freikirchlicher Pfingstgemeinden Kdör entnommen habe, der eigentlich immer sehr fundierte Predigten hält. Gott die Ehre geben in der Gemeinde: ein wichtiger Teil im pfingstkirchlichen Gottesdienst ist, das Zeugnis geben, von dem, was Gott für einen getan hat, wenn du beispielsweise eine Heilung oder sonstige Gebetserhörung oder ein sonstiges Erlebnis mit Gott hattest, kannst du es – nach kurzer Absprache mit der Gottesdienstleitung - vor der Gemeinde sagen. Das gilt auch für Prophetische Worte und / oder Zungenreden mit Auslegung. Die Gemeinde hat das gesagte dann zu prüfen, ganz frei nach dem Grundsatz: "Prüft aber alles, das Gute haltet fest!" (1. Thes 5:21).

Psalm 149:1-6a: „Halleluja! Singt dem Herrn ein neues Lied, sein Lob in der Gemeinde der Getreuen! Israel freue sich seines Schöpfers! Die Kinder Zions sollen jauchzen über ihren König! Loben sollen sie seinen Namen beim Reigen, mit Tamburin und Zither sollen sie ihm spielen! Denn der Herr hat Wohlgefallen an seinem Volk. Er schmückt die Demütigen mit Heil! Die Getreuen sollen jubeln in Herrlichkeit, jauchzen sollen sie auf ihren Lagern! Lobpreis Gottes sei in ihrer Kehle."

Lobpreis und Anbetung ist ein wichtiger Teil christlichen Lebens „Doch du (Herr) bist heilig, der du wohnst unter den Lobgesängen Israels." (Psalm 22:4)

Das muss man sich mal auf der Zunge zergehen lassen: Gott wohnt im Lobpreis seines Volkes! Das heißt: Gottes Gegenwart /Gottes Herrlichkeit kommt herab auf uns, in unser Herz, wenn wir mit dem Mund aussprechen, dass Gott groß ist und hoch zu loben! Preist seinen Namen all ihr Völker und erhebt ihn er hat Großes getan! Preist ihn, denn er ist würdig zu nehmen Ehre, Macht, Herrlichkeit! Alle Ehre sei ihm, Gott dem Vater, dem Sohn und dem Heiligen Geist. Seine heilige Gegenwart manifestiert sich unter uns, wenn wir Gott erheben. Das Ziel von Anbetung ist, dass Christus in uns Gestalt gewinnt. Im Alten Testament baute Mose die Stiftshütte, das Zelt der

Begegnung. Diese symbolisierte Gottes Gegenwart unter den Israeliten. Danach baute Salomo den Tempel, um Gott ein „Haus" zu bauen. Ihm war selbstverständlich klar, dass Gott nicht in einem, von Menschen erbauten „Haus" wohnt, weil Gott, der Schöpfer des Himmels und der Erde, viel zu gigantisch ist, um in einem von Menschen gemachten Haus zu wohnen, aber damit die Menschen einen Ort haben, wo sie hingehen können zum Beten, erbaute Salomo den Tempel. Und seit dem Neuen Testament wohnt Gott in uns Christen. Wir sind ein Tempel des Heiligen Geistes. Der Heilige Geist bewirkt Wiedergeburt und Geistestaufe. Die Wiedergeburt macht uns zu Christen, dabei wird unser Geist, wie Jesus zu Nikodemus sagt, von neuem geboren. Die Geistestaufe – unser persönliches Pfingsten – ist die Gott gegebene Ausrüstung zum Dienst, die uns Kraft und Vollmacht vermittelt, Jesus Christus als Herrn zu bezeugen und durch das Sprachengebet unseren Willen mit seinem anzugleichen und die Auswirkungen des Sieges am Kreuz tiefer zu verstehen und für sich in Anspruch zu nehmen. Durch das Kreuz ist mir die Welt gekreuzigt und ich der Welt (Gal 6:14). Er hat mit seinem Blut für uns gezahlt. Man muss nicht in Sprachen beten um in denHimmel zu kommen, aber prinzipiell hat jeder Christ die Möglichkeit von Gott die Taufe im Heiligen Geist zu erbitten und somit kann er auch die Fähigkeit von Gott bekommen in neuen Zungen zu reden. Jesus Christus wurde Mensch, um die Menschheit zu erlösen! Um stellvertretend für uns zu sterben! Um alles für uns zu geben! Und er gab sein Leben für uns, als wir noch Sünder waren, ihn hassten, unsere eigenen Wege gingen, aber letztendlich spürten wir, dass es noch mehr im Leben geben, als Drogen, Sex und Alkohol, Macht und Geld. Diese Dinge lassen einen leer und kaputt zurück! Aber ich weiß, dass der lebendige Gott Gebete erhört und dass Himmel und Hölle real sind, dass wir irgendwann Rechenschaft abgeben müssen für unsere Taten. Aber Jesus Christus hat für unser aller Schuld gelitten am Kreuz. Er hat den Schuldbrief getilgt, unsere dreckigen Westen angezogen und uns weiße Gewänder gegeben. Er will nicht, dass wir verloren gehen. Er will, dass wir Leben haben, dass wir Leben in Fülle haben. Ihm können wir folgen. Er sagt: "Wahrlich, wahrlich, ich sage euch: Wer nicht durch die Tür in den Hof der Schafe hineingeht, sondern anderswo hinübersteigt, der ist ein Dieb und ein Räuber. Wer aber durch die Tür hineingeht, ist Hirte der Schafe. Diesem öffnet der Torhüter, und die Schafe hören seine Stimme, und er ruft die eigenen Schafe mit Namen und führt sie hinaus. Wenn er die eigenen Schafe alle herausgebracht hat, geht er vor ihnen her, und die Schafe folgen ihm, weil sie seine Stimme kennen. Einem Fremden aber werden sie nicht folgen, sondern werden vor ihm fliehen, weil sie die Stimme des Fremden nicht kennen. Diese Bildrede sprach Jesus zu ihnen; sie aber verstanden nicht, was es war, das er zu ihnen redete.

Jesus sprach nun wieder zu ihnen: Wahrlich, wahrlich, ich sage euch: Ich bin die Tür der Schafe. Alle, die vor mir gekommen sind, sind Diebe und Räuber; aber die Schafe hörten nicht auf sie. Ich bin die Tür; wenn jemand durch mich hineingeht, so wird er gerettet werden und wird ein- und ausgehen und Weide finden. Der Dieb kommt nur, um zu stehlen und zu schlachten und zu verderben. Ich bin gekommen, damit sie Leben haben und es im Überfluss haben. Ich bin der gute Hirte; der gute Hirte lässt sein Leben für die Schafe. Wer Lohnarbeiter und nicht Hirte ist, wer die Schafe nicht zu eigen hat, sieht den Wolf kommen und verlässt die Schafe und flieht – und der Wolf raubt und zerstreut sie - , weil er ein Lohnarbeiter ist und sich um die Schafe nicht kümmert. Ich bin der gute Hirte; und ich kenne die Meinen, und die Meinen kennen mich, wie der Vater mich kennt und ich den Vater kenne, und ich lasse mein Leben für die Schafe. Und ich habe andere Schafe, die nicht aus diesem Hof sind; auch diese muss ich bringen, und sie werden meine Stimme hören, und es wird eine Herde, ein Hirte sein." (Joh 10:1-17)

Kapitel 12: Wie hören wir nun Gott aus all den Stimmen heraus?

Nun Gott ist Liebe. Die Bibel kennt viele Möglichkeiten wie Gott zu uns redet: Zuerst lässt sich sagen: Gott ist drei – einig. Der eine, ewige Gott der Bibel offenbart sich uns als Vater, Sohn und Heiliger Geist. Des Weiteren wird Gott nichts sagen, was der Bibel widerspricht. Außerdem ist es wichtig zu einer lebendigen Gemeinde zu gehören bzw die Bibel studieren alleine oder zu zweit und zu dritt aber eine Gemeinde oder Kirche besuchen ist auch wichtig für unser geistliches Wachstum – allerdings nicht in scheintoter Form sondern mit lebendigen, brennendem Glauben: „Lasst uns das Bekenntnis der Hoffnung unwandelbar festhalten – denn treu ist er, der die Verheißung gegeben hat - , und lasst uns aufeinander achthaben, um uns zur Liebe und zu guten Werken anzureizen, indem wir unser Zusammenkommen nicht versäumen, wie es bei einigen Sitte ist, sondern einander ermuntern, und das umso mehr, je mehr ihr den Tag herannahen seht! Denn wenn wir mutwillig sündigen, nachdem wir die Erkenntnis der Wahrheit empfangen haben, bleibt kein Schlachtopfer für Sünden mehr übrig" (Hebr 10:23-26)

„Bewahre deinen Fuß, wenn du zum Haus Gottes gehst! Und: Herantreten, um zu hören, ist besser, als wenn die Toren Schlachtopfer geben; denn sie sind Unwissende, sodass sie Böses tun." (Pred 4:17) „Und er hat die einen als Apostel gegeben und andere als Propheten, andere als Evangelisten, andere als Hirten (Pastoren) und Lehrer, zur Ausrüstung der Heiligen für das Werk des Dienstes, für die Erbauung des Leibes Christi, bis wir alle hingelangen zur Einheit des Glaubens und der Erkenntnis des Sohnes Gottes, zur vollen Mannesreife, zum Maß der vollen Reife Christi.

DENN WIR SOLLEN NICHT MEHR UNMÜNDIGE SEIN, HIN – UND HERGEWORFEN UND UMHERGETRIEBEN VON JEDEM WIND DER LEHRE" (Eph 4:11-14)

Wir sind Gottes geliebte Kinder. Wenn wir Jesus Christus als Herrn angenommen haben gehören wir zur Familie Gottes. Wir sind von Gott geliebt!!! Er liebt uns so sehr, dass er seinen einzigen Sohn Jesus Christus für uns hingegeben hat, damit wir mit Gott versöhnt sind.

Und er hat uns mit jeder geistlichen Segnung in der Himmelswelt in Christus gesegnet, wie es im ersten Kapitel des Epheserbriefes heißt. „Wir sind eine „neue Schöpfung; das Alte ist vergangen, siehe, Neues ist geworden. Alles aber von Gott, der uns mit sich selbst versöhnt hat durch Christus und uns den Dienst der Versöhnung gegeben hat, nämlich dass Gott in Christus war und die Welt mit sich versöhnte, ihnen ihre Übertretungen nicht zurechnete und in uns das Wort von der Versöhnung gelegt hat. So sind wir nun

Gesandte an Christi statt, indem Gott gleichsam durch uns ermahnt, wir bitten für Christus: Lasst euch versöhnen mit Gott."(2.Kor 5:17-20) . Und diese Versöhnung können wir erfahren. Versöhnung hat auch was mit Vergebung zu tun. Im Vater unser heißt es: „Vergib uns unsere Schuld, wie auch wir vergeben unseren Schuldigern." Vergeben hat auch etwas mit loslassen zu tun. Die Person an Gott abgeben. Ihm vertrauen, dass er es gut macht. Dem Teufel keinen Raum geben. Wie hieß es in der einen RTL 2 Vorschau: „Hass hat Hausverbot!"- ich würde eher sagen: Satan hat Hausverbot!!! Hier wohnt Jesus: in mir, meiner Familie, meinen Freunden, meinem Beruf, meiner Ehe, in meiner Art, wählen zu gehen, einkaufen zu gehen, Fern zu sehen, in der Art, welche Musik ich höre... Jesus will unser ganzes Leben. Als ich Christ wurde, sagte mir Gott, ich soll alle meine geliebten Techno CDs zerstören um mich von der ganzen Drogenszene abzukapseln. Ich heulte fast, aber ich war gehorsam und Gott segnete meine Tat. Heute produziere ich selber elektronische Musik mit christlichen Texten. Ich hab leider kein Mikrophon und kein Studio – nur ein Musikprogramm um meine Musik zu produzieren. Als Stimme nehme ich eine eingebaute Computerstimme. Ich kann leider nur Englisch – sprachige Lieder produzieren, da die Computerstimme nur Englisch spricht. Ich habe ein paar meiner Lieder bei Youtube und Soundcloud hochgeladen unter meinem vollen Namen kann man sie dort finden. Aber es geht nicht um mich, sondern um Jesus, den Christus, unseren Retter, den König aller Könige und Herr aller Herren, der eins ist mit Gott dem Vater und Gott dem Heiligen Geist. Amen.

Kapitel 13: Gott ist nahe all denen, die zerbrochenen Herzens sind (Psalm 34:19)

Jesus ist für uns da! Er will aber, dass wir ihn von ganzem Herzen nachfolgen: "Doch auch jetzt, spricht der Herr, kehrt um zu mir mit eurem ganzen Herzen und mit Fasten und mit Weinen und mit Klagen! Und zerreißt euer Herz und nicht eure Kleider und kehrt um zum Herrn, eurem Gott! Denn er ist gnädig und barmherzig, langsam zum Zorn und groß an Gnade, und lässt sich das Unheil gereuen. Wer weiß, vielleicht wird er umkehren und es sich gereuen lassen und Segen hinter sich zurücklassen." (Joel 2:12-14) Jesus Christus nachfolgen heißt, das alte Leben ohne Gott hinter sich zu lassen und durch die Taufe symbolisch begraben. Das heißt auch: alte Freundschaften hinter sich zu lassen! Sonst wirst du geistlich nicht wachsen. Du musst mit deinem alten Leben wirklich brechen. Um geistliche Fortschritte zu machen, musst du Jesus besser kennenlernen und das kannst du nicht, wenn du deine Freunde über Jesus stellst. Später, wenn du deinen Stand in Christus hast, kannst du deine alten Freunde – so Gott will – wieder treffen und ihnen Jesus nahebringen. Aber erst einmal ist es wichtig Gott besser kennen zu lernen. Lobpreis ist wichtig! Gott von ganzem Herzen, mit deiner ganzen Seele (Verstand, Wille und Gefühle), mit deinem ganzen Sein zu preisen ist ein Eckpfeiler für ein erfülltes Leben – auch in tiefen Lebenszeiten. Die Freude im Herrn trägt uns durch! „Freut euch im Herrn alle Zeit und abermals sage ich euch: Freuet euch!" (Phil 4:4) Das heißt nicht, unsere Sorgen zu verdrängen. Wir können mit unseren Sorgen zu Gott kommen und ihm und gegebenenfalls einem Freund oder Seelsorger unser Herz ausschütten. So wie Hanna, die Zweite Frau von Elkana, die keine Kinder bekommen konnte und jedes Jahr, wenn sie zu dem Haus des Herrn nach Silo hinzog um den Herrn anzubeten reizte die andere Frau von Elkana namens Pennina sie, weil diese Kinder hatte und Hanna nicht. Dann weinte Hanna und aß nichts. Nachdem sie wieder etwas gegessen hatte, stand sie auf und war in ihrer Seele verbittert, und sie betete zum Herrn und weinte sehr. Und sie legte ein Gelübde ab und sprach: Herr der Heerscharen! Wenn du das Elend deiner Magd ansehen und meiner Gedenken und deine Magd nicht vergessen wirst und deiner Magd einen männlichen Nachkommen geben wirst, so will ich ihn dem Herrn alle Tage seines Lebens geben. Und kein Schermesser soll auf sein Haupt kommen. Und es geschah, als sie lange vor dem Herrn betete, achtete Eli auf ihren Mund. Hanna aber redete in ihrem Herzen. Nur ihre Lippen bewegten sich, aber ihre Stimme hörte man nicht. Da meinte Eli (der Priester), sie sei betrunken. (an Pfingsten, als der Geist kam, dachten die Außenstehenden auch, die Jünger seien betrunken. Offensichtlich kann intensives Gebet den Eindruck erwecken man sei berauscht oder neben sich, obwohl der Heilige Geist niemals das

Bewusstsein trübt. Man ist immer bei sich auch wenn man auf Außenstehende den Eindruck eines Ekstatikers macht. Ekstatisches Prophetentum ist biblisch, wie man in 1. Sam 19:18-24 nachlesen kann, wo Saul Soldaten zu Samuel schickt, mit dem Auftrag, David gefangen zu nehmen und der Geist kommt auf die Soldaten und sie weissagen. Dann schickt er noch zweimal Boten, um David zu holen, aber auch sie weissagen. Schließlich kommt auch Saul und auch auf ihn kommt der Geist Gottes und er weissagt.) Dann erklärte Hanna, dass sie dem Herrn ihr Herz ausgeschüttet hat und Eli sagte ihr, dass der Gott Israels ihre Bitte erfüllen wird. Und der Herr erhörte ihr Gebet: nachdem sie mit ihrem Mann zusammenkam, wurde sie schwanger und gebar einen Sohn, dem sie den Namen Samuel gab und nachdem er entwöhnt war, brachte sie ihn ins Haus des Herrn nach Silo zu Eli und übergab ihn an ihn. Diese Geschichte kann man in 1. Sam 1 nachlesen. Aber wir waren beim Thema Freude. Wichtig ist, dass unsere Freude in Christus gewurzelt ist.

„Freut euch an dem Herrn und jauchzt, ihr Gerechten, und jubelt, alle ihr von Herzen Aufrichtigen!" (Psalm 32:11)

„Jubelt, ihr Gerechten, über den Herrn; zu den Aufrichtigen passt Lobgesang. Preist den Herrn mit der Zither; spielt ihm auf der zehnsaitigen Harfe (mit allen Instrumenten, die ihr gerade zur Verfügung habt)! Singt ihm ein neues Lied; spielt schön auf den Saiten mit Jubelschall! Denn richtig ist das Wort des Herrn, und all sein Werk geschieht in Treue. Er liebt Gerechtigkeit und Recht; die Erde ist voll der Gnade des Herrn. Durch des Herrn Wort ist der Himmel gemacht und all sein Heer durch den Hauch seines Mundes. Er sammelt das Wasser des Meeres, wie einen Damm, legt in Behälter die Fluten. Es fürchte den Herrn die ganze Erde; mögen sich vor ihm scheuen alle Bewohner der Welt. Denn er sprach, und es geschah; er gebot, und es stand da. Der Herr macht zunichte den Ratschluss der Nationen, er vereitelt die Gedanken der Völker. Der Ratschluss des Herrn bleibt ewig bestehen, die Gedanken seines Herzens von Generation zu Generation. Glücklich die Nation, deren Gott der Herr ist, das Volk, das er sich erwählt hat zum Erbteil! Der Herr blickt vom Himmel herab, er sieht alle Menschenkinder. Von der Stätte seines Thrones schaut er auf alle Bewohner der Erde; er, der ihnen allesamt das Herz gebildet hat, achtet auf all ihre Werke. Der König wird nicht durch die Größe des Heeres gerettet; ein Held befreit sich nicht durch die Größe der Kraft. Ein Trug ist das Ross, wenn Rettung nötig ist, und mit der Größe seiner Kraft rettet es nicht. Siehe, das Auge des Herrn ruht auf denen, die ihn fürchten, auf denen, die auf seine Gnade harren, dass er ihr Leben vom Tod rette und sie in Hungersnot am Leben erhält. Unsere Seele wartet auf den Herrn; unsere Hilfe und unser Schild ist er. Denn in ihm wird unser Herz sich freuen, weil wir seinem heiligen Namen vertrauen. Deine Gnade, Herr, sei über uns, so wie wir auf dich harren." (Psalm 33)

Kapitel 14 a): Krankheit und Evangelium

Die Krankheit und der Tod sind in der Welt, weil die ersten Menschen Adam und Eva gegen Gott sündigten und vom Baum der Erkenntnis aßen. Gott warnte sie vorher, dass, wenn sie davon essen würden, sie dann sterben müssten. Sie hörten nicht auf ihn, sondern lieber auf die Schlange und das Ende vom Lied: Sie wurden aus dem Paradies vertrieben und mussten für ihr Essen arbeiten und die Frau unter Schmerzen gebären.

Der Sündenfall war also die Ursache für die verschiedenen Krankheiten unter denen die Menschen leiden. Auch wenn nicht immer direkte Sünde der Grund für eine Erkrankung ist, lässt sich doch feststellen, dass die Krankheit nicht in der Welt wäre, wenn der Mensch nicht gegen Gott gesündigt und von der Frucht gegessen hätte. Manchmal ist auch direkte Sünde die Ursache einer Erkrankung, die noch nicht bekannt und vor das Kreuz gebracht wurde. Das sehen wir an der Heilung des Gelähmten in Luk 5:17-26, wo Jesus dem Gelähmten erst sagt, dass seine Sünden ihm vergeben seien und in Jak 5:13-16, wo steht: "Leidet jemand unter euch? Er bete. Ist jemand guten Mutes? Er singe Psalmen. Ist jemand krank unter euch? Er rufe die Ältesten der Gemeinde zu sich, und sie mögen über ihm beten und ihn mit Öl salben im Namen des Herrn. Und das Gebet des Glaubens wird den Kranken retten, und der Herr wird ihn aufrichten, und wenn er Sünden begangen hat, wird ihm vergeben werden. Bekennt nun einander die Sünden und betet füreinander, damit ihr geheilt werdet." Also nicht bekannte bzw. bereinigte Schuld kann die Ursache für eine Krankheit sein, muss aber nicht!

Jesu Christi Erlösungswerk beinhaltet auch Heilung von körperlichen, seelischen und geistlichen Erkrankungen. Heilung fängt mit Glauben an

(„Das ist das Wort des Glaubens, dass wir predigen, dass wenn du mit deinem Mund Jesus als Herrn bekennst und in deinem Herzen glaubst, dass Gott ihn aus den Toten auferweckt hat, du gerettet werden wirst. Denn mit dem Herzen wird geglaubt zur Gerechtigkeit und mit dem Mund wird bekannt zum Heil" Röm 10:8-10) und hat ihren Ursprung im Erlösungswerk Jesu Christi, dass er am Kreuz von Golgatha mit seinem kostbaren Blut für uns erworben hat. Heilung ist so zu sagen ein Angeld auf das ewige Leben im Paradies. Jesaja hat ca 600 Jahre vor Christus geschrieben: "An wem ist der Arm des Herrn offenbar geworden? Er ist wie ein Trieb vor ihm aufgeschossen und wie ein Wurzelspross aus dürrem Erdreich. Er hatte keine Gestalt und Pracht. Und als wir ihn sahen, da hatte er kein Aussehen, dass wir Gefallen an ihm gefunden hätten. Er war verachtet und von den Menschen verlassen, ein Mann der Schmerzen und mit Leiden vertraut, wie einer vor dem man das Gesicht verbirgt. Er war verachtet, und wir haben ihn nicht geachtet. Jedoch unsere Leiden – er hat sie getragen, und unsere

Schmerzen – er hat sie auf sich geladen. Wir aber, wir hielten ihn für bestraft, von Gott geschlagen und niedergebeugt. Doch er war durchbohrt, um unserer Vergehen willen, zerschlagen um unserer Sünden willen. Die Strafe lag auf ihm zu unserem Frieden, und durch seine Striemen ist uns Heilung geworden.“

Kapitel 14 b): Krankheiten können aber auch eine Plage Gottes sein:

Als Abraham in Ägypten war - in 1. Mose 12:10-20 schlug der Herr den Pharao und sein Haus mit großen Plagen, weil er (der Pharao) Abrahams Frau Sara zu sich nehmen wollte, denn Abraham hatte sie ihm als seine Schwester ausgegeben. Dann bei Abimelech gab Abraham Sara wieder als seine Schwester aus und Abimelech wollte sie zu seiner Frau machen, aber Gott erschien ihm im Traum und sagte ihm, dass es die Frau Abrahams ist. Außerdem schlug Gott alle im Hause Abimelechs mit Unfruchtbarkeit, aber Abraham betete für Abimelech und sie wurden geheilt und konnten wieder Kinder gebären. Dann schlug Gott die Ägypter mit allen möglichen Krankheiten und Plagen (insgesamt zehn), denn die Nachfahren Israels, dessen ursprünglicher Name Jakob war, was Fersenhalter bedeutet, da er – nachdem sein erstgeborener Zwillingsbruder Esau aus seiner Mutter Rebekkas Schoß kam – sich an dessen Ferse festhielt und gleich danach geboren wurde und der wiederum ein Sohn Isaaks war, der der Sohn Abrahams und Saras war, dem Gott versprach : „Ich schwöre bei mir selbst, spricht der Herr, deshalb, weil du das getan und deinen Sohn, deinen einzigen, mir nicht vorenthalten hast (Gott fragte Abraham, ob dieser seinen einzigen Sohn, den einzigen Sohn, den er mit Sara hatte, opfern wolle. Und Abraham war gehorsam. Er nahm Isaak, seinen einzigen Sohn und wollte ihn gerade opfern, da rief ihm der Engel des Herrn aus dem Himmel zu: Abraham, opfere deinen Sohn nicht, Gott hat gesehen, dass du ihm selbst deinen geliebten Sohn nicht vorenthältst. Da schickte ihm Gott einen Widder, der sich im Gestrüpp verheddert hatte), darum werde ich dich reichlich segnen und deine Nachkommen überaus zahlreich machen, wie die Sterne des Himmels und wie der Sand, der am Ufer des Meeres ist; und deine Nachkommenschaft wird das Tor ihrer Feinde in Besitz nehmen. Und in deinem Samen werden sich segnen alle Nationen auf Erden (Jesus Christus ist ein Nachfahre Abrahams, Isaaks, Jakobs und ein Nachkomme Davids der aus dem Stamme Juda kommt und der Sohn Gottes, das fleischgewordene Wort Gottes, das eins ist mit Gott, dem Vater und Gott, dem Heiligen Geist) dafür, dass du meiner Stimme gehorcht hast", lebten in Ägypten, weil seine Brüder Josef – einer der zwölf Söhne Jakobs, der, nachdem er die ganze Nacht mit einem Engel Gottes gerungen hatte und gewonnen hatte, in Israel umbenannt wurde, denn er hatte mit Gott und mit Menschen gekämpft und gewonnen – aus Neid an eine Karawane Ismaeliten - die nach Ägypten reisten - verkauften. Dort kaufte ihn ein gewisser Potifar, ein Kämmerer des Pharao, der Oberste der Leibwächter, ein Ägypter. Gott war mit Josef und ihm gelang alles, was er anpackte. Potifar sah, dass Gott, der Herr mit Josef war, machte ihn zu seinem persönlichen Diener und bestellte ihn über sein gesamtes Haus. Doch Potifars Frau hatte ein Auge auf Josef geworfen und versuchte, ihn zu verführen: Sie sagte: „Leg dich zu mir!" Er aber weigerte sich und erinnerte sie daran, dass ihr Mann ihm nichts vorenthalten hat, außer seiner Frau. Und sie versuchte es immer wieder. Einmal, als sie beide wieder alleine waren, sagte sie wieder, dass er bei ihr liegen solle und er widerstand ihr wieder, aus Treue zu seinem Herrn. Da ergriff sie sein Gewand und er floh. Und als er verschwunden war, rief die Frau laut dass sie vergewaltigt worden wäre und als ihr Mann nach Hause kam, wiederholte sie das nochmal und er warf Josef ins Gefängnis. Auch dort war die Hand Gottes auf ihm. Und der Oberste des Gefängnisses übergab alle Gefangenen, die im Gefängnis waren, der Hand Josefs. Eines Tages kamen ein Mundschenk und ein Bäcker auch ins Gefängnis, weil sie sich am Pharao versündigt hatten und beide hatten einen Traum: der Mundschenk träumte von einem Weinstock, der drei Ranken hatte und seine Knospen reiften zu Trauben und der Becher des Pharao war in seiner Hand und er nahm die Trauben und presste sie in den Becher des Pharaos aus und gab ihm den Becher. Und Josef deutete dem Mundschenken den Traum: Die Ranken sind drei Tage, noch drei Tage, dann wird der Pharao dein Haupt erheben und dich wieder in deine Stellung einsetzen... aber denke an mich, wenn du beim Pharao bist. Denn ich bin unschuldig hier drinnen! Und der Bäcker hatte auch einen Traum und als er sah, dass Josef den Traum des Mundschenken gut gedeutet hatte sagte er ihn Josef: Drei Körbe mit Weißbrot waren auf seinem Kopf und im obersten Korb allerlei Backwaren für den Pharao und die Vögel fraßen alles weg. Da sagte Josef auch ihm die Deutung: In drei Tagen wird dich der Pharao erhängen. Und es geschah, wie Josef es vorausgesagt hatte: Drei Tage später hatte der Pharao Geburtstag und er stellte den Mundschenken wieder ein und den Bäcker ließ er erhängen. Aber der Mundschenk vergaß Josef. Aber nach zwei Jahren hatte der Pharao einen Traum. Er sah sieben fette Kühe aus dem Nil steigen. Die fettesten, die man sich nur vorstellen kann und dann kamen sieben spindeldürre Kühe nach ihnen und fraßen die fetten Kühe auf. Danach sah er sieben fette, prächtige Ähren, die an einem Halm wuchsen. Danach kamen sieben total magere, vom Ostwind versengte Ähren und fraßen die fetten. Der Pharao ließ alle Zeichendeuter, Wahrsager und Priester rufen, aber keiner konnte ihm den Traum deuten. Da erinnerte sich der Mundschenk des Pharao, dass ihm Josef prophezeite, dass der Mundschenk nach drei Tagen freigelassen würde aus dem Gefängnis, indem er des Mundschenken Traum deutete. Er sagte es dem Pharao und dieser ließ sofort Josef aus dem Gefängnis holen und vor den Pharao bringen, nachdem er sich gewaschen und frische Kleider angezogen hatte. Und der Pharao sprach zu Josef: „Ich hatte einen Traum und keiner konnte ihn deuten. Nun habe ich gehört, dass du Träume deuten kannst?" Da antwortete Josef dem Pharao, dass nur Gott offenbaren kann, was er durch einen Traum sagen will. Da erzählte der Pharao Josef die

Träume von den Kühen und von den Ähren. Da sagte ihm Josef, dass beide Träume dieselbe Bedeutung haben: die sieben fetten Kühe und die sieben fetten Ähren stehen für sieben fette Jahre des Wohlstands, wo jeder mehr als genug haben wird und die sieben mageren Kühe und Ähren, für sieben dürre Jahre, die auf die sieben fetten Jahre folgen werden. Josef sagte zum Pharao: "Gott, der Herr hat den Pharao sehen lassen, was er tun will...nun sehe der Pharao nach einem verständigen, weisen Mann und setze ihn über das Land Ägypten. Der Pharao veranlasse, dass man Aufseher über das Land bestellt – und er erhebe den Fünften vom Land Ägypten in den sieben Jahren des Überflusses – und sie sollen alle Nahrungsmittel dieser kommenden guten Jahre einsammeln und unter der Obhut des Pharao Getreide aufspeichern als Nahrungsmittel in den Städten und es dort aufbewahren.

Die Geschichte von Josef, einer der zwölf Söhne/ Stämme Jakobs/ Israels kann man nachlesen in 1. Mo 37-50:26 (das ist die ganze Geschichte von Josef, auch noch wie er zum zweiten Mann nach dem Pharao eingesetzt wird, um das Getreide in den Jahren des Überflusses zu sammeln und später in den Jahren der Hungersnot seine Brüder kommen, um Getreide zu kaufen und er ihnen einen kleinen Streich spielt und er sich seinen Brüdern später zu erkennen gibt und er seinen Vater wiedersieht. Daraufhin ziehen Jakob und seine Söhne (die Israeliten) nach Ägypten). So kamen also die Nachfahren Jakobs nach Ägypten, wo Mose sie dann vierhundert Jahre später mit Gottes Hilfe herausführte. Aber wir waren beim Thema „Heilung":

In 2.Mo 15:26 steht: „Wenn du willig auf die Stimme des Herrn, deines Gottes, hörst und tust, was in seinen Augen recht ist, seinen Geboten gehorchst und all seine Ordnungen hältst, dann werde ich dir keine der Krankheiten auferlegen, die ich den Ägyptern auferlegt habe; denn ich bin der Herr, der dich heilt."

Gott ist Gott und er kann und will Kranke heilen. Die Frage ist nur: Sind wir ihm gehorsam? Sind wir bereit Gott unser Leben anzuvertrauen und ihm gehorsam zu sein und uns von ihm führen zu lassen?

2.Mose 23:25-27: „Und ihr sollt dem Herrn, eurem Gott, dienen: So wird er dein Brot und dein Wasser segnen, und ich werde alle Krankheit aus deiner Mitte entfernen. Keine Frau in deinem Land wird eine Fehlgeburt haben oder unfruchtbar sein; die Zahl deiner Tage werde ich erfüllen. Meinen Schrecken werde ich vor dir her senden und alle Völker, zu denen du kommst, in Verwirrung bringen."

5.Mo 32:39: „Seht nun, dass ich, ich es bin und kein Gott neben mir ist! Ich, ich töte, und ich mache lebendig, ich zerschlage, und ich, ich heile;und es gibt keinen, der aus meiner Hand rettet!"

Krankheit, vor allem erbliche Erkrankungen können die Ursache in nicht bereinigter okkulter Belastung haben, die durch die Vorfahren auf unser Leben weitergegeben wurden. Man spricht hier auch von Generationenflüchen. Durch das Kreuz sind wir freigesprochen von den Mächten der Finsternis. Aber manchmal haben die Dinge, die unsere Vorfahren getan haben: beispielsweise, wenn sie Gläser rücken gemacht haben oder zu Astrologen bzw Wahrsagern gegangen sind, auch Auswirkungen auf unser Leben. In diesen Fällen ist es gut besonders wenn man im Gebet diese Dinge nochmal vors Kreuz bringt, sich davon lossagt und seine Familie unter den Schutz des Blutes Jesu stellt.

Wichtig ist, wenn man Heilung empfangen will, dass man bereit ist von falschen Wegen umzukehren. Das beste Beispiel dafür ist David: in Psalm 41:1-5: „Glücklich, wer achthat auf den Geringen; am Tage des Übels wird der Herr ihn retten. Der Herr wird ihn bewahren und ihn am Leben erhalten; er wird glücklich gepriesen im Lande. Gib ihn nicht der Gier seiner Feinde preis! Der Herr wird ihn stützen auf dem Siechbett, sein ganzes Lager wandelst du um in seiner Krankheit. Ich sprach: Herr, sei mir gnädig! Heile meine Seele, denn ich habe gegen dich gesündigt."

Gott ist gut. Er „heilt, die zerbrochenen Herzens sind, er verbindet ihre Wunden." (Psalm 147:3)

„Und er sagt: Macht Bahn, macht Bahn! Bahnt einen Weg! Beseitigt jedes Hindernis aus dem Weg meines Volkes! Denn so spricht der Hohe und Erhabene, der in Ewigkeit wohnt und dessen Name der Heilige ist: in der Höhe und im Heiligen wohne ich und bei dem, der zerschlagenen und gebeugten Geistes ist, um zu beleben den Geist der Gebeugten und zu beleben das Herz der Zerschlagenen. Denn nicht ewig rechte ich, und nicht für immer zürne ich; denn ihr Lebenshauch würde vor mir verschmachten und die Menschenseelen, die ich je gemacht habe.

Wegen der Sünde seiner Habsucht zürnte ich und schlug es, indem ich mich verbarg und erzürnt war; doch es ging abtrünnig auf dem Weg seines Herzens. Seine Wege habe ich gesehen und werde es heilen. Und ich werde es leiten und ihm Tröstungen gewähren und seinen Trauernden die Frucht der Lippen schaffen. Friede, Friede den Fernen und den Nahen, spricht der Herr. Ich will es heilen." (Jes 57:14-20)

Gottes Liebe ist so groß, dass er auch falsche Haltungen bei uns verändern will:" Wenn jemand in Christus ist, so ist er eine neue Schöpfung."

(2. Kor 5:17)

„Kehrt um, ihr abtrünnigen Kinder! Ich will eure Treulosigkeiten heilen." Das ist auch der Hauptgrund für Gebet, Bibelstudium, etc: ein reines Herz zu bekommen. („Glückselig sind, die reinen Herzens sind, denn sie werden Gott schauen." (Mt 5:8)) und echt zu sein. Gott erschafft nur Originale. Menschen, die in den verschiedenen Lebensphasen erfahren, dass man sich auf Gott verlassen kann. Gott wird in der Bibel nicht umsonst als der Fels bezeichnet. Und Jesus sagt nicht umsonst in der Bergpredigt : „Jeder nun, der diese meine Rede hört und tut, den werde ich mit einem klugen Mann vergleichen, der sei Haus auf Felsen baute; und der Platzregen fiel herab, und die Ströme kamen, und die Winde wehten und stürmten gegen jenes Haus; und es fiel nicht, denn es war auf Felsen gegründet."(Mt 7:24-25)

„Und das Wort des Herrn geschah zum zweiten Mal an Jeremia, als er noch im Wachhof eingeschlossen war: So spricht der Herr; der es tut, der Herr, der es bildet, um es festzusetzen, Jahwe ist sein Name: Rufe mich an, dann will ich dir antworten und will dir Großes und Unfassbares mitteilen, das du nicht kennst. Denn so spricht der Herr, der Gott Israels, über die Häuser dieser Stadt und über die Häuser der Könige von Juda, die abgebrochen werden, um im Kampf gegen die Belagerungswälle und zur Abwehr Verwendung zu finden. Man kommt nur zusammen, um gegen die Chaldäer zu kämpfen und die Häuser mit den Leichen der Menschen zu füllen, die ich in meinem Zorn und in meinem Grimm geschlagen und um all deren Bosheit willen ich mein Angesicht vor dieser Stadt verborgen habe: Siehe ich will ihr Genesung und Heilung bringen und sie heilen, und ich will ihnen eine Fülle von Frieden und Treue offenbaren. Und ich werde das Geschick Judas und Israels wenden und werde sie bauen wie im Anfang. Und ich werde sie reinigen von aller ihrer Schuld, mit der sie gegen mich gesündigt haben. Und ich werde alle ihre Verschuldungen vergeben, mit denen sie gegen mich gesündigt und durch die sie mit mir gebrochen haben. Und es soll mir zum Freudennamen sein, zum Ruhm und zum Schmuck bei allen Nationen der Erde, die all das Gute hören, das ich ihnen tue. Und sie werden zittern und beben über all das Gute und über all den Frieden, den ich ihm angedeihen lasse." (Jer 33:1-9)

„Kommt und lasst uns zum Herrn umkehren! Denn er hat zerrissen, er wird uns auch heilen; er hat geschlagen, er wird uns auch verbinden." (Hos 6:1)

Man erlebt mehr Heilungen, wenn man bereit ist, seine Heilung auch zu bezeugen, um anderen damit Mut zu machen, Gott kennenzulernen! Die wichtigste Botschaft ist das Kreuz „Mir aber sei es fern, mich zu rühmen als nur des Kreuzes unseres Herrn Jesus Christus, durch das mir die Welt gekreuzigt ist und ich der Welt!", aber in einem pfingstkirchlichen

Gottesdienst kann man seine Heilung auch bezeugen. So wie es in der Bibel steht:

„Vor Königen will ich reden von deinen Zeugnissen!" (Psalm 119:46)

„Das Zeugnis Jesu ist der Geist der Weissagung." (Offb 19:10)

„Ich will dich preisen, Herr, mit meinem ganzen Herzen, will erzählen alle deine Wundertaten." (Psalm 9:1-2)

„Wir preisen dich, Gott, wir preisen dich. Und nahe ist dein Name denen, die deine Wunder erzählen." (Psalm 75:2)

„Herr ich danke dir für dein Feuer, dass die Spreu vom Weizen trennt. Herr ich danke dir, dass du unsere Herzen reinigst und uns in deinem Heiligen Geist leitest. Danke dass sich am Kreuz die Geister scheiden und dass du uns auf dem schmalen Weg führst, näher an dein Herz,

Amen."

Kapitel 15: Harren auf Gott

In der Bibel wird uns gezeigt, dass Menschen auf Gott geharrt haben "Auf deine Rettung, Herr, harre ich!" (1. Mo 49:18)

Das zeigt uns, dass es wichtiger ist auf ewiges zu bauen, als uns von zeitigen Vergnügungen ablenken zu lassen.

Wir können Gott vertrauen. Er meint es gut mit uns!

Er hat einen Plan und eine Berufung für dein Leben! „Auf deine Rettung, Herr, harre ich!" Auch wenn alles aussichtslos erscheint, Gott ist unser Fels. Auf ihn können wir bauen. Aber manchmal erwartet Gott auch, dass wir dranbleiben im Gebet:

„Befiel dem Herrn deine Wege und hoffe auf ihn, er wird es wohl machen und wird deine Gerechtigkeit heraufführen wie das Licht und dein Recht wie den Mittag. Sei stille dem Herrn und warte auf ihn." Psalm 37:5-7 (Lutherübersetzung revidiert 2017)

„Was bist du so aufgelöst, meine Seele, und stöhnst in mir? Harre auf Gott! - denn ich werde ihn noch preisen für die Heilstaten seines Angesichts." (Psalm 42:6)

Psalm 25: „Zu dir, Herr, erhebe ich meine Seele. Mein Gott, auf dich vertraue ich; lass mich nicht zuschanden werden, lass meine Feinde nicht über mich jauchzen! Auch werden alle, die auf dich harren, nicht beschämt werden; es werden beschämt werden, die treulos handeln ohne Ursache. Deine Wege, Herr, tue mir kund, deine Pfade lehre mich! Leite mich in deiner Wahrheit und lehre mich, denn du bist der Gott meines Heils; auf dich harre ich den ganzen Tag. Denke an deine Erbarmungen, Herr, und an deine Gnadenerweise; denn sie sind von Ewigkeit her. An die Sünden meiner Jugend und meine Vergehen denke nicht; nach deiner Gnade denke du an mich um deiner Güte willen, Herr! Gütig und gerade ist der Herr; darum unterweist er die Sünder in dem Weg. Er leitet die Sanftmütigen im Recht und lehrt die Sanftmütigen seinen Weg. Alle Pfade des Herrn sind Gnade und Treue denen, die seinen Bund und seine Zeugnisse bewahren. Um deines Namens willen, Herr, vergib mir meine Schuld, denn sie ist groß. Wer ist nun der Mann, der den Herrn fürchtet? Ihn wird er unterweisen in dem Weg, den er wählen soll. Seine Seele wird im Guten wohnen, und seine Nachkommen werden das Land besitzen. Der Herr zieht ins Vertrauen, die ihn fürchten, und sein Bund dient dazu, sie zu unterweisen. Meine Augen sind stets auf den Herrn gerichtet; denn er, er wird meine Füße aus dem Netz herausziehen. Wende dich zu mir und sei mir gnädig, denn einsam und elend bin ich. Die Enge meines

Herzens mache weit, und ziehe mich heraus aus meinen Bedrängnissen! Sieh mein Elend an und meine Mühsal, und vergib alle meine Sünden! Sieh meine Feinde an, wie viele ihrer sind, mit gewalttätigem Hass hassen sie mich. Bewahre meine Seele und rette mich! Lass mich nicht zuschanden werden; denn ich berge mich bei dir. Lauterkeit und Redlichkeit mögen mich behüten, denn ich harre auf dich. Erlöse Israel, Gott, aus allen seinen Nöten."

Durch den stellvertretenden Sühnetod Jesu Christi ist der Segen Abrahams auch den Nationen zuteil geworden. Den Nationen, die an seinen Namen glauben. Trotzdem ist es wichtig für Israel zu beten, denn Gott ist der Gott Abrahams, Isaaks und Jakobs, der Gott Israels. Gott schenkt Ruhe, Kraft, Heilung. Bei ihm kommt unser Herz zur Ruhe. Er ist der Anker unserer Seele.

Jesus Christus, der Sohn Gottes, der Messias Israels, der, wie in Mi 5:1 vorhergesagt in Bethlehem geboren wurde (In Jes 7:14 wurde prophezeit, dass eine Jungfrau schwanger werden würde. In 1. Mo 3:15 steht, dass Gott Feindschaft setzen wird, zwischen der Schlange und Eva, zwischen den Nachkommen der Schlange und Evas Nachkommen. Und dass Evas Nachkomme der Schlange den Kopf zertreten wird und die Schlange ihm in die Ferse stechen wird. In Psalm 22:19 wird prophezeit, dass sie um sein Gewand losen würden und in Sach 9:9, dass der König der Töchter Jerusalems auf einem Esel zu ihnen reitet.(in der Thompson - Studienbibel stehen noch weitere Prophezeiungen über Jesus Christus aus dem Alten Testament)) sagt: „Ich bin der Weg, die Wahrheit und das Leben! Niemand kommt zum Vater als nur durch mich."

Jetzt kommen wir zum Thema „Heiligung"

Aus dem Buch „Die freikirchliche Pfingstbewegung in Deutschland – Innenansichten von 1945-1985" von Ludwig David Eisenlöffel habe ich folgenden Spruch, den ich in diesem Zusammenhang sehr treffend finde:

"Als die holländischen Pfingstler hörten, dass die deutschen noch Rotwein trinken, fällt ihnen vor Schreck die Zigarre aus dem Mund." (Eisenlöffel, Ludwig David; 2006, S.114) Das zeigt, dass jeder etwas anderes unter Heiligung versteht.

Hebr 12:14:" Jagd dem Frieden mit allen nach und der Heiligung, ohne die niemand den Herrn schauen wird." Da fragt sich sicherlich jemand:

Warum soll ich mich heiligen? Da kann ich nur sagen: Wenn du wirklich mit Gott gehen willst, der ein viel zu heiliger Gott ist, ein verzehrendes Feuer, dann willst du auch, dass Gott in deinem Leben präsent ist und das ist er nur, wenn du dich für ihn aussonderst/ weihst/ heiligst! Heiligung geschieht nur durch das Blut Jesu, des himmlischen Hohepriesters nach der Ordnung

Melchisedeks, der uns durch sein Blut freigekauft hat. Das Kreuz ist die Grundlage für wahre Heiligung. „Denn ich bin der Herr, euer Gott. So heiligt euch und seid heilig, denn ich bin heilig." (3. Mo 11:44)

Als Mose auf den flammenden Dornbusch zu ging, der brannte, aber nicht verbrannte, „da rief ihm Gott mitten aus dem Dornbusch zu und sprach: Mose! Mose! Er antwortete: Hier bin ich. Und Gott sprach: Tritt nicht näher heran! Zieh deine Sandalen von deinen Füßen, denn die Stätte, auf der du stehst, ist heiliger Boden! Dann sprach er: Ich bin der Gott deines Vaters, der Gott Abrahams, der Gott Isaaks und der Gott Jakobs."

Halleluja, Gott Abrahams, Isaak und Jakobs, Vater, Sohn und Heiliger Geist. Dein Wort ist meines Fußes Leuchte und ein Licht auf meinem Weg. Schenke uns, von deinem Licht erleuchtet zu werden. Du bist der lebendige Gott, Schöpfer des Himmels und der Erde, Gott der Ewigkeiten. Helfe uns, zu verstehen, was das Wort Ewigkeit bedeutet Will ich wirklich die Ewigkeit ohne Gott verbringen? Oder wage ich das Erlebnis Glauben für mich? Gott ist Liebe und er hat Geduld, aber er muss auch richten. Dies wird am jüngsten Tage geschehen. Aber jetzt ist noch Gnadenzeit. Deshalb ruft Gott und lässt überall zur Umkehr aufrufen. Der Aufruf: "Tut Buße!", ist die gute Botschaft (griech. Das Evangelium). „Tut Buße, denn das Himmelreich ist nahe herbeigekommen!" Da gibt es den Witz: Zwei Pastoren stehen vor einer Brücke und halten ein Schild hoch, auf dem steht: "Das Ende ist nah! Kehrt um bevor es zu spät ist!" Ein Auto rast vorbei und der Fahrer ruft aus dem Fenster: "Scheiß Fanatiker!!!" Auf einmal macht es: PLATSCH und das Auto schwimmt im See. Da sagt der eine Pastor zum andern: „Scheiße, wir hätten lieber schreiben sollen: "Die Brücke ist zu Ende!"

Jesus Christus lebt, er sagt zu seinen Jüngern: „Euer Herz werde nicht bestürzt. Ihr glaubt an Gott, glaubt auch an mich! Im Hause meines Vaters sind viele Wohnungen. Wenn es nicht so wäre, würde ich euch gesagt haben: Ich gehe hin, euch eine Stätte zu bereiten? Und wenn ich hingehe und euch eine Stätte bereite, so komme ich wieder und werde euch zu mir nehmen, damit auch ihr seid, wo ich bin. Und wohin ich gehe, dahin wisst ihr den Weg. Thomas spricht zu ihm: Herr, wir wissen nicht, wohin du gehst. Und wie können wir den Weg wissen? Jesus spricht zu ihm: Ich bin der Weg und die Wahrheit und das Leben. Niemand kommt zum Vater als nur durch mich. Wenn ihr mich erkannt habt, werdet ihr auch meinen Vater erkennen; und von jetzt an erkennt ihr ihn und habt ihn gesehen. Philippus spricht zu ihm: Herr, zeige uns den Vater, und es genügt uns. Jesus spricht zu ihm: So lange Zeit bin ich bei euch, und du hast mich nicht erkannt, Philippus? Wer mich gesehen hat, hat den Vater gesehen (deswegen glauben wir Pfingstler, wie die Evangelischen Landeskirchen, Freikirchen, die Katholischen Kirchen und die Orthodoxen Kirchen an die Dreieinigkeit Gottes. Jesus Christus ist eins mit dem Vater und dem Heiligen Geist. So eins, dass man nicht immer sagen kann: „Hier handelt der Vater, hier handelt der Sohn." Gott ist dreieinig!). Und wie sagst du: Zeige uns den Vater? Glaubst du nicht, dass ich in dem Vater bin und der Vater in mir ist? Die Worte, die ich zu euch rede, rede ich nicht von mir selbst; der Vater aber, der in mir bleibt, tut seine Werke. Glaubt mir, dass ich in dem Vater bin und der Vater in mir ist; wenn aber nicht, so glaubt um der Werke selbst willen! Wahrlich, wahrlich, ich sage euch: Wer an mich glaubt, der wird auch die Werke tun, die ich tue, und wird größere als diese tun, weil ich zum Vater gehe. Und was ihr bitten werdet in meinem Namen, das werde ich tun, damit der Vater verherrlicht werde im Sohn. Wenn ihr mich bitten werdet in meinem Namen, so werde ich es tun. Wenn ihr mich liebt, so werdet ihr meine Gebote halten; und ich werde den Vater bitten, und er wird euch einen anderen Beistand geben, dass er bei euch ist in Ewigkeit, den Geist der Wahrheit, den die Welt nicht empfangen kann, weil sie ihn nicht sieht noch ihn erkennt. Ihr erkennt ihn, denn er bleibt bei euch und wird in euch sein. Ich werde euch nicht verwaist zurücklassen, ich komme zu euch. Noch eine kleine Weile, und die Welt sieht mich nicht mehr; ihr aber seht mich: Weil ich lebe, werdet ihr auch leben." (Joh 14:1-20)

Die Heilige Schrift (die Bibel/ das Buch) unterscheidet zwischen gerecht und gottlos, zwischen Licht und Finsternis, zwischen Gott und Satan. Den Unterschied zwischen Gottes Reich und Satans Reich habe ich vorhin schon erwähnt. Die Bibel sagt: „der Gerechte wird durch Glauben leben."

Dem dreieinigen Gott werden in der Bibel verschiedene Beinamen gegeben, um besondere „Charaktereigenschaften" Gottes zu offenbaren:

1. Jahwe Elohim (Gott, der Herr), Gott der Schöpfer aller Dinge 1.Mo 2:4

2. Jahwe Jireh (hebräisch für „der Herr wird ersehen (Elberfelder Übersetzung oder Lutherübersetzung: „Der Herr sieht!"), das heißt so viel wie: „der Herr ist unser Versorger!" 1. Mo 22:14

3. Jahwe Rapha („der Herr, der dich heilt") das Thema hatten wir oben schon) 2. Mo 15:26

4. Jahwe Nissi („der Herr, mein Feldzeichen") 2. Mo 17:15

5. Jahwe Schalom („der Herr ist Friede") Ri 6:24

6. Jahwe Roi („der Herr ist mein Hirte") Psalm 23:1

7. Jahwe Tzidkenu („der Herr, unsere Gerechtigkeit") Jer 23.6

8. Jahwe Zebaoth („Herr der himmlischen Heerscharen") 1. Sam 1:3; 4:4, Psalm 24:10, u.a.

9. Jahwe Schamma („hier ist der Herr") Hes 48:35

Der Name Jahwe bedeutet so viel, wie „Ich bin, der ich bin" oder „ich werde sein, der ich sein werde" und ist bezogen auf das „Da"-sein Gottes, das wunderwirkende „Da"- sein Gottes für sein Volk, die Israeliten, die Nachkommen Abrahams, Isaaks und Jakobs. (Guy P. Duffield und Nathanael M. Van Cleave, 2003, S.101-107)

Jesus Christus ist der Herr aller Herren und der König aller Könige: Retter, Heiler, Täufer im Heiligen Geist und wiederkehrender König. Der Tag des Herrn (das Jüngste Gericht) kommt wie ein Dieb (das heißt so viel, wie : plötzlich, dann wenn man sich sicher fühlt und nachlässig wird), deswegen seid bereit! Seid bereit Zeugnis zu geben, wenn euch jemand fragt, warum ihr so strahlt. Jesus Christus nahm das Kreuz auf sich für uns, um unseret Willen. Was tun wir für ihn? Nehmen wir unser Kreuz auf uns und folgen ihm nach? Ein Jünger steht nicht über seinem Meister und ein Sklave nicht über seinem Herrn. „Und als er am See von Galiläa entlangging, sah er Simon und Andreas, Simons Bruder, im See die Netze auswerfen, denn sie waren Fischer. Und Jesus sprach zu ihnen: Kommt mir nach, und ich werde euch zu Menschenfischern machen! Und sogleich verließen sie die Netze und folgten ihm nach." (Mk 1:16-18)

Kapitel 16: Gott dienen in der Kraft des Heiligen Geistes:

„Denn Gott hat uns nicht einen Geist der Furchtsamkeit gegeben, sondern der Kraft und der Liebe und der Zucht" (2. Tim 1:7).

„Glückselig, die die reinen Herzens sind, denn sie werden Gott schauen." (Mt 5:8)

Eine dienende Haltung ist wichtig:

Jesus Christus, der Erlöser, der König aller Könige und Herr aller Herren, das fleischgewordene Wort Gottes, der eins ist mit dem Vater und dem Heiligen Geist, durch den alles erschaffen wurde: Er lebte uns wahre Demut vor, indem er den Jüngern die Füße wusch. Demut, Bescheidenheit, aber auch ein starker Glaube sind wichtig, wenn wir Jesus wirklich nachfolgen wollen

Arbeit delegieren:

„Deswegen ließ ich dich in Kreta zurück, damit du, was noch mangelte, in Ordnung bringen und in jeder Stadt Älteste einsetzen solltest, wie ich dir geboten hatte" (Tit 1:5)

„Als aber der Schwiegervater des Mose alles sah, was er mit dem Volk tat, sagte er: Was ist das, was du mit dem Volk tust? Warum sitzt du alleine da, während alles Volk vom Morgen bis zum Abend bei dir steht? Mose antwortete seinem Schwiegervater: Weil das Volk zu mir kommt, um Gott zu befragen. Wenn sie eine Rechtssache haben, kommen sie zu mir, und ich richte zwischen dem einen und dem anderen und gebe ihnen die Ordnungen Gottes und seine Weisungen bekannt. Da sagte Moses Schwiegervater zu ihm: Die Sache ist nicht gut, die du tust. Du reibst dich auf, sowohl du als auch dieses Volk, das bei dir ist. Die Aufgabe ist zu schwer für dich, du kannst sie nicht alleine bewältigen. Höre nun auf meine Stimme, ich will dir raten, und Gott wird mit dir sein: Vertritt du das Volk vor Gott und bringe du die Sachen vor Gott. Belehre sie über die Ordnungen und Weisungen, und zeige ihnen den Weg den sie gehen, und das Werk, dass sie tun sollen. Du aber suche dir aus dem ganzen Volk tüchtige, gottesfürchtige Männer aus, zuverlässige Männer, die ungerechten Gewinn hassen, und setze sie über sie: Oberste von Tausend, Oberste von Hundert, Oberste von Fünfzig und Oberste von Zehn, damit sie dem Volk jederzeit Recht sprechen! Und es soll geschehen, dass sie jede große Sache vor dich bringen, jede kleine Sache aber selbst richten. Auf diese Weise entlaste dich, und sie mögen es mit dir tragen! Wenn du dies tust und Gott es dir gebietet, dann wirst du bestehen können, und auch dieses ganze Volk wird in Frieden an seinen Ort kommen. Und Mose hörte auf die Stimme seines Schwiegervaters und tat alles, was er gesagt hatte." (2. Mo 18:14-25)

Der Heilige Geist verwandelt unsere Persönlichkeit. Er machte aus dem ängstlichen jungen Mann Gideon, der den Weizen in der Kelter drosch um ihn vor den Midianitern in Sicherheit zu bringen, den Helden bzw Richter Gideon, der Israel von den Midianitern befreite. Oder Saul der später der erste König von Israel wurde. Seine Geschichte finden wir in 1. Sam 9:1- 10:16: „Und es war ein Mann von Benjamin, sein Name war Kisch, ein Sohn Abiels, des Sohnes Zerors, des Sohnes Bechorats, des Sohnes des Afiach, des Sohnes eines Benjaminiters, ein angesehener Mann. Und er hatte einen Sohn, sein Name war Saul, jung und stattlich, und niemand von den Söhnen Israel war schöner als er. Er war einen Kopf größer als alles Volk.

 Und die Eselinnen des Kisch, des Vaters Sauls, waren verloren gegangen. Und Kisch sagte zu seinem Sohn Saul: Nimm doch einen von den Knechten mit dir und mach dich auf, geh hin und suche die Eselinnen! Und er zog durch das Gebirge Ephraim und zog durch das Land Schalischa, und sie fanden sie nicht. Und sie durchzogen das Land Schaalim, aber sie waren nicht da. Und er zog durch das Land Benjamin, und sie fanden sie nicht. Als sie aber in das Land Zuf kamen, sagte Saul zu seinem Knecht, der bei ihm war: Komm, lass uns wieder umkehren, damit nicht etwa mein Vater von den Eselinnen ablässt und sich um uns Sorgen macht! Der aber sagte zu ihm: Siehe doch, ein Mann Gottes ist in dieser Stadt. Der Mann ist sehr angesehen. Alles, was er sagt, trifft sicher ein. Lass uns dahin gehen, vielleicht gibt er uns Auskunft über unseren Weg, den wir gehen sollten! Saul aber sagte zu seinem Knecht: Siehe, wenn wir hingehen, was wollen wir dem Mann bringen? Denn das Brot in unseren Beuteln ist verbraucht, und wir haben kein Geschenk, um es dem Mann Gottes zu bringen. Was haben wir? Und der Knecht antwortete Saul noch einmal und sagte: Siehe, ich habe noch einen silbernen Viertelschekel bei mir; den will ich dem Mann Gottes geben, damit er uns über unseren Weg Auskunft gibt. Vorzeiten sagte man in Israel, wenn man ging, Gott zu befragen: Kommt und lasst uns zum Seher gehen! Denn den man heute Prophet nennt, nannte man früher Seher. Da sagte Saul zu seinem Knecht: Dein Wort ist gut. Komm lass uns gehen! Und sie gingen in die Stadt, wo der Mann Gottes war. Als sie eben die Anhöhe zu der Stadt hinaufstiegen, trafen sie Mädchen, die herauskamen, um Wasser zu schöpfen. Und sie sagten zu ihnen: Ist der Seher hier? Sie antworteten ihnen und sagten: Ja, siehe, er ist schon vor dir da. Eile jetzt, denn er ist heute in die Stadt gekommen, weil das Volk heute ein Opferfest auf der Höhe begeht! Sowie ihr in die Stadt kommt, werdet ihr ihn finden, bevor er zur Höhe hinaufgeht, um zu essen. Denn das Volk wird nicht essen, bis er gekommen ist; denn er segnet das Schlachtopfer, danach essen die

Geladenen. So geht hinauf, denn gerade heute werdet ihr ihn finden! Da gingen sie zur Stadt hinauf. Als sie in die Stadt eintraten, siehe, da kam Samuel heraus, ihnen entgegen, um zur Höhe hinaufzugehen. Der Herr aber hatte dem Samuel das Ohr geöffnet, einen Tag bevor Saul kam, und gesagt: Morgen um diese Zeit werde ich einen Mann aus dem Land Benjamin zu dir senden, den sollst du zum Fürsten über mein Volk Israel salben! Der wird mein Volk aus der Hand der Philister retten. Denn ich habe die Not meines Volkes angesehen, und sein Geschrei ist vor mich gekommen. Als nun Samuel Saul sah, teilte ihm der Herr mit: Siehe, da ist der Mann, von dem ich dir gesagt habe, dass er über mein Volk herrschen soll. Da trat Saul im Tor auf Samuel zu und sagte: Zeig mir doch, wo hier das Haus des Sehers ist? Samuel antwortete Saul und sagte: Ich bin der Seher. Geh vor mir die Höhe hinauf, denn ihr sollt heute mit mir essen, und morgen früh werde ich dich ziehen lassen! Und alles, was du auf dem Herzen hast, werde ich dir kundtun. Und was die Eselinnen betrifft, die dir heute vor drei Tagen verloren gegangen sind, so brauchst du dir um sie keine Sorgen zu machen, denn sie sind gefunden. Und wem gehört alles Kostbare Israels? Nicht dir und dem ganzen Haus deines Vaters? Da antwortete Saul und sprach: Bin ich nicht ein Benjaminiter und aus einem der kleinsten Stämmen Israels, und ist meine Sippe nicht die geringste unter allen Sippen des Stammes Benjamin? Warum sprichst du solche Worte zu mir? Und Samuel nahm Saul und seinen Knecht und führte sie in die Halle. Und er gab ihnen einen Platz obenan unter den Geladenen; und das waren etwa dreißig Mann. Und Samuel sagte zu dem Koch: Gib den Anteil her, den ich dir gegeben habe und von dem ich dir gesagt habe: Leg ihn bei dir zurück! Da trug der Koch die Keule auf und was daran war und legte es Saul vor. Und er sagte: Siehe, hier ist das Übriggebliebene! Leg dir vor und iss! Denn für diese Stunde ist es für dich aufbewahrt worden, als ich sagte: Ich habe das Volk geladen. So aß Saul mit Samuel an diesem Tag. Und sie gingen von der Höhe in die Stadt hinab; und er redete mit Saul auf dem Dach. Und sie standen früh auf. Und es geschah, als die Morgenröte aufging, rief Samuel dem Saul auf dem Dach zu: Steh auf,dass ich dich geleite! Und Saul stand auf, und die beiden, er und Samuel, gingen auf die Gasse hinaus. Als sie an das Ende der Stadt hinabkamen, sagte Samuel zu Saul: Sag dem Knecht, dass er uns vorausgehen soll! Und er ging voraus. Du aber steh jetzt still! Ich will dich das Wort Gottes hören lassen. Und Samuel nahm den Krug mit Öl und goss es auf sein Haupt, und er küsste ihn und sagte: So hat der Herr dich nun zum Fürsten über sein Erbteil gesalbt! Wenn du heute von mir weggehst, wirst du zwei Männer treffen beim Grab Rahels, an der Grenze von Benjamin, bei Zelzach; die werden zu dir sagen: Die Eselinnen sind gefunden, die du zu suchen ausgezogen bist. Und siehe dein Vater hat die Sache mit den Eselinnen aufgegeben. Er macht sich um euch Sorgen und sagt: Was soll ich wegen meines Sohnes tun? Und wenn du von dort weitergehst und zur Terebinthe Tabor kommst, werden dich dort drei Männer treffen, die zu Gott nach Bethel hinaufgehen. Einer trägt drei Böckchen und einer drei Brote, und einer trägt einen Schlauch mit Wein. Und sie werden dich nach deinem Wohlergehen fragen und dir zwei Brote geben, und du sollst sie von ihrer Hand annehmen. Danach wirst du zu dem Hügel Gottes kommen, wo Wachposten der Philister sind. Und wenn du dort in die Stadt kommst, wirst du einer Schar von Propheten begegnen, die von der Höhe herabkommen, und vor ihnen her Harfe und Tamburin und Flöte und Zither, und sie werden weissagen. Und der Geist des Herrn wird über dich kommen, und du wirst mit ihnen weissagen und wirst in einen anderen Menschen umgewandelt werden. Und es soll geschehen, wenn bei dir diese Zeichen eintreffen, so tu, was deine Hand finden wird! Denn Gott ist mit dir." (1. Sam 9:1- 10:7

Gott erhört die Gebete seiner Heiligen, wenn sie um eine erneute Ausgießung des Heiligen Geistes schreien und flehen, wenn wir wirklich Erweckung wollen, müssen wir uns nach mehr von Gott ausstrecken! Herr Jesus Christus, wir kommen jetzt vor deinen Thron der Gnade und wir bitten dich: Gieße deinen Geist aus über alles Fleisch!!! Wir wollen mehr von dir, schenke Erweckung! Entfache dein pfingstliches Feuer in uns. Entfache eine neue Leidenschaft für deinen Namen. Schenke auch die Bereitschaft für deinen Namen auch zu leiden und unser Kreuz auf uns zu nehmen und das volle pfingstliche Evangelium zu verkünden (wer will kann auch in seiner Kirche bleiben, wenn er dort Jesus Christus erlebt, ich selbst bin Teil der weltweiten Erweckungsbewegung, die am Pfingsttag begann und die über zwei Jahrtausende immer mal wieder aufgebrochen ist und dann 1901 an einer Bibelschule in Topeka (Kansas, USA) fragte der Prediger Charles Parham seine Schüler, wie oben erwähnt, woran man anhand der Bibel erkennen kann, dass man den Heiligen Geist empfangen hat und alle Schüler kamen zu dem selben Ergebnis, nämlich an der Zungenrede und der Pfingstsegen erfüllte Millionen von Christen. Die Pfingsterweckung ist mittlerweile auch in verschiedene Konfessionen aufgegangen, wie die Assemblies of God, die Church of God mit Sitz in Cleveland, die international Church of the Foursquare Gospel, die Church of God in Christ und andere kleinere oder größere Pfingstkirchen, die alle eins verbindet: Nämlich der Glaube, dass der Heilige Geist auch heute noch auf seine Jünger kommen kann und dass das Wort vom Kreuz auch heute noch Menschen erretten, heilen und befreien kann, denn Jesus lebt!!! Er ist auferstanden und er ist hingegangen um uns eine Stätte zu bereiten. Diesen Glauben haben wir mit allen Christen gemeinsam. Wir glauben, dass Jesus Christus der einzige Weg zu Gott ist.

Ich weiß, dass gerade wir in Deutschland ein Problem mit Autoritäten haben. Einerseits sehnen wir uns nach Orientierung, andererseits haben wir Angst uns auf die falsche Person einzulassen. Aber Jesus Christus ist sanftmütig und demütig, gütig und schenkt wahren Frieden. Er will unser ganzes Leben mit seinem Schalom durchdringen. Er ist der Sohn des lebendigen Gottes, das fleischgewordene Wort Gottes. Wahrer Mensch und wahrer Gott, eins mit Gott, dem Vater und dem Heiligen Geist. Gott ist Liebe. Jesus Christus hat seine Liebe dadurch gezeigt, dass er für uns starb, als wir noch Sünder waren. Er ist der gute Hirte! Er kennt uns durch und durch und liebt uns trotzdem! Der Heilige Geist ist ein Gentleman. Er wirbt um seine Braut, die Gemeinde und Jesus Christus betet für uns und legt Fürbitte beim Vater ein. Er bittet Gott, dass unser Glaube nicht aufhört. Er ist der himmlische Hohepriester, der mit seinem Blut bezahlt hat, damit wir weiße - im Blut gewaschene Kleider – von Gott bekommen. Damit unsere Herzen gereinigt werden und wir uns ganz auf Gott einlassen können. Der christliche Glaube ist ein Leben im Frieden Gottes. Die Kirche hat im Laufe der Jahrhunderte viel Scheiße gebaut. Da wären die Hexenverbrennungen zu nennen. Okkultismus ist scheiße, Satanismus auch. Aber wenn es nach dem neuen Testament geht, ist „unser Kampf nicht gegen Fleisch und Blut, sondern gegen die Gewalten, gegen die Mächte, gegen die Weltbeherrscher dieser Finsternis, gegen die geistlichen Mächte der Bosheit in der Himmelswelt." (Eph 6:12-13) Jesus Christus ist der Friedefürst. Der Lohn eines Gott-gefälligen Lebens ist Friede, Kraft, Heilung. „Denn Gott hat uns nicht einen Geist der Furcht gegeben, sondern der Kraft und Liebe und Besonnenheit." (2. Tim 1:7, Lutherübersetzung) Wir können mit Jesus Christus den Alltag bewältigen. Ich wohne in einem Wohnheim. Da bekommt man die nötige Struktur, die mir vorher gefehlt hat. Es heißt ja auch „Bete und arbeite". Vom Beten alleine wird man nicht satt. Der Apostel Paulus (der übrigens nicht zu den zwölf Aposteln gehörte und trotzdem ein Apostel genannt wurde bzw sich so bezeichnete (Röm 1:1, 1. Kor 1:1, und weitere. Deswegen gehen wir als Pfingstlich-Charismatische Christen auch davon aus, dass das apostolische Amt bzw die Dienstgabe des Apostels auch heute noch besteht. Ein Merkmal für einen apostolischen Dienst ist, dass diese Person Gemeinden gründet, dass Zeichen und Wunder in seinem Dienst geschehen, dass er nur auf Jesus schaut und dass er bereit ist für seinen Glauben auch zu leiden) sagte: "Wenn jemand nicht arbeiten will, soll er auch nicht essen" (2. Thes 3:10). Oder auch in den Zehn Geboten in 2. Mo 20:9 : „Sechs Tage sollst du arbeiten und all deine Arbeit tun, aber der siebte Tag ist Sabbat (Sabbat bedeutet wohl Ruhetag, wie ich meiner Elberfelder Studienbibel entnommen habe aus der übrigens die meisten hier angegebenen Bibelstellen entnommen sind. Arbeit ist gut. Fähigkeiten zu erlernen, bis sie einem ins Fleisch und Blut übergehen. Scheinbar sinnlose erlernte Arbeitsabfolgen haben ihren Sinn: Wenn man Zimmermann ist und man misst den Winkel nicht richtig, wenn man vor dem Absägen die Schnittkante einzeichnet, hat man ein Brett unbrauchbar gemacht. Ist man ein Koch und man passt beim Salzen kurz nicht auf, ist das Gericht versalzen. So ist es auch im Leben. Wenn man die Chancen im Leben nicht nutzt gammelt man nur noch rum. Der Müll, der sich in unseren Leben ansammelt muss auch regelmäßig entsorgt werden. Die Katholiken haben da ja die Beichte. Ich habe der Katholischen Kirche gegenüber so meine Vorbehalte. Ich halte die Anbetung Marias für Sünde, da Menschen nicht angebetet werden dürfen. Aber ich glaube, dass es auch unter Katholiken echte wiedergeborene Christen gibt. Es gibt ja nur einen Gott, den Schöpfer des Himmels und der Erde. Jahwe ist sein Name. Gott der Vater der Sohn und der Heilige Geist, der gepriesen sei vor Anbeginn der Zeit bis in alle Ewigkeit, Amen.

Ich will Gott preisen für seine Güte. Er ist so gut. Er hat meine Mandelentzündung geheilt. Ich war schon bei vielen Heilungen dabei! Manche habe ich selber am eigenen Leib erlebt, manche habe ich gesehen, von manchen habe ich erzählt bekommen. Aber Heilungen sind nicht das Ziel! Das Ziel ist die Errettung von Menschen. Wenn man Christ wird muss man erst mal sein Leben bereinigen: Gestohlene Sachen zurückgeben, Steuern zahlen. Sich mit seinem Vater wieder versöhnen. Mit seiner Kriminellen Vergangenheit brechen, mit dem Rauchen aufhören, sich zum Besseren verändern. Den Lieben Geschenke machen oder ihnen auch einfach nur zeigen, dass man für sie da ist. Liebe üben, den Glauben leben. Demütig sein, bescheiden, gütig. Offen sein für Gottes reden: Nicht nur am Sonntag im Gottesdienst, sondern jeden Tag mit Jesus leben. Gebetsspaziergänge machen. Durch Gottes wunderbare Schöpfung gehen und dabei Beten und über das Leben nachdenken. Sich Gottes Wirken zu öffnen, offen werden: Was will Gott dem Nachbarn sagen? Was dem Zeitungsverkäufer oder dem Schaffner in der Bahn? Was dem Straßenkünstler? Was dem Bürgermeister (Politiker haben es oft schwer – auch sie brauchen Jesu Liebe bzw jemanden, der an sie denkt. Gottes Gnade ist jeden Morgen neu! Und mit dieser Gnade sollen wir auch anderen begegnen: „Richtet nicht, damit ihr nicht gerichtet werdet", sagt Jesus Christus in der Bergpredigt, „denn mit welchem Maß ihr messt, werdet auch ihr gemessen werden." Gnädig sein mit unseren Mitmenschen und sogar für unsere Feinde beten und sie lieben! Das ist schwierig, aber es ist besser sich für seine Mitmenschen einzusetzen und Liebe in Demut und Bescheidenheit zu leben. Wir können das Böse nicht besiegen, wenn wir uns vom Bösen überwinden lassen, sondern wir überwinden das Böse mit Gutem!"

(Röm 12:21)

„Die Liebe ist langmütig, die Liebe ist gütig, sie neidet nicht, die Liebe tut nicht groß, sie bläht sich nicht auf, sie benimmt sich nicht unanständig, sie sucht nicht das Ihre, sie lässt sich nicht erbittern, sie rechnet das Böse nicht zu, sie freut sich nicht über die Ungerechtigkeit; sondern sie freut sich mit der Wahrheit, sie erträgt alles, sie glaubt alles, sie hofft alles, sie erduldet alles. Die Liebe vergeht niemals." (1. Kor 13:4-8)

Die Liebe vergeht niemals, weil Gott die Liebe ist! Darum lasst uns für das Gute kämpfen! Die Bedrückten ermutigen, weiterzugehen auf der Straße des Lebens zu Jesus Christus von dem Jesaja 600 Jahre vor seiner Geburt prophezeit hat: „Siehe mein Knecht, den ich halte, mein Auserwählter, an dem meine Seele Wohlgefallen hat: Ich habe meinen Geist auf ihn gelegt, er wird das Recht zu den Nationen hinausbringen. Er wird nicht schreien und die Stimme nicht erheben und seine Stimme nicht hören lassen auf der Straße. Das geknickte Rohr wird er nicht zerbrechen, und den glimmenden Docht wird er nicht auslöschen." (Jes 42:1-4) Wir sind Himmelsbürger und sollen Liebe leben! Trauernden Trost spenden, Armen helfen eine himmlische Kultur der Reinheit, Liebe und Güte pflegen. Unsere Nächsten lieben, wie uns selbst. Seine Liebe ist real, wir können sie in unserem Leben erfahren. Nicht nur sonntags sondern immer, wenn wir uns Zeit für Gott nehmen. Regelmäßige Gottesdienste in der Kirche oder Gemeinde geben unserem Leben Struktur. Ebenso wie eine regelmäßige „Stille Zeit", eine regelmäßige Zeit, die wir für Gott und das Gebet einplanen, bspsweise jeden Tag ein, zwei Stunden, die wir uns Zeit für Gott nehmen : Auf ihn hören, Gott preisen, aber auch hinhören, ihm zuhören die Bibel oder christliche Literatur betend lesen und Gott zu sich sprechen lassen. Gott redet auf vielerlei Weise zu uns: Durch ein Wort der Erkenntnis (ein Bibelvers, der uns lebendig wird), durch einen Traum, durch ein inneres Bild (ich hatte letztens ein Bild im Gebet: Ich sah die Israeliten, wie sie vorm Roten Meer standen, hinter ihnen die Ägypter und die Israeliten hatten nackte Angst. Vor ihnen das Rote Meer und hinter ihnen die Ägypter, die ihnen nachjagten. Kein Ausweg in Sicht. Da sprach Gott zu Mose: „Strecke deinen Stab über das Meer!" Mose war gehorsam und das Meer teilte sich. So will Gott auch uns (vielleicht sind unter uns, die wir dieses Buch lesen, Leute, die keinen Ausweg mehr sehen. Gott kann einen Weg schaffen, wo keiner ist) einen Weg schaffen), durch eine Zungenrede mit Auslegung, durch die hörbare Stimme Gottes zB bei Samuel in 1. Sam 3:1-9: „Und der Junge Samuel (Wir erinnern uns Samuel war das erbetene Kind von Hanna, die immer von der anderen Frau des Elkana gekränkt wurde, weil sie keine Kinder bekam und Hanna betete zu Gott und bekam Samuel, den sie Gott weihte und zu Eli brachte ins Haus des Herrn – Eli war der Priester der dachte, sie wäre betrunken, als sie intensiv betete) diente dem Herrn vor Eli. Und das Wort des Herrn war selten in jenen Tagen; Visionen gab es nicht häufig. Und es geschah in jener Zeit, dass Eli an seinem Ort lag – seine Augen aber hatten angefangen schwach zu werden, sodass er nicht mehr sehen konnte – und die Lampe Gottes war noch nicht erloschen, und Samuel lag im Tempel des Herrn, wo die Lade Gottes war, da rief der Herr den Samuel. Und er antwortete: Hier bin ich! Und er lief zu Eli und sagte: Hier bin ich! Du hast mich gerufen? Er aber sagte: ich habe dich nicht gerufen. Leg dich wieder schlafen! Und er ging hin und legte sich schlafen. Und der Herr rief noch einmal: Samuel! Und Samuel stand auf und ging zu Eli und sagte: Hier bin ich, denn du hast mich gerufen. Und er antwortete: Ich habe nicht gerufen, mein Sohn. Leg dich wieder hin! Samuel aber hatte den Herrn noch nicht erkannt, und das Wort des Herrn war ihm noch nicht offenbart worden. Und der Herr rief wieder, zum dritten Mal: Samuel! Und er stand auf, ging zu Eli und sagte: Hier bin ich! Denn du hast mich gerufen. Da merkte Eli, dass der Herr den Jungen rief. Und Eli sagte zu Samuel: Geh hin, leg dich schlafen! Und so soll es sein, wenn er dich ruft, antworte: Rede Herr, denn dein Knecht hört!" In Apg 12:25-13:3 steht geschrieben: "Barnabas aber und Saulus kehrten, nachdem sie den Dienst erfüllt hatten, von Jerusalem zurück und nahmen auch Johannes mit dem Beinamen Markus mit. Es waren aber in Antiochia, in der dortigen Gemeinde, Propheten und Lehrer: Barnabas und Simeon, genannt Niger, und Luzius von Kyrene und Manäen, der mit Herodes, dem Vierfürsten, auferzogen worden war, und Saulus. Während sie aber dem Herrn dienten und fasteten, sprach der Heilige Geist: Sondert mir nun Barnabas und Saulus zu dem Werk aus, zu dem ich sie berufen habe! Da fasteten und beteten sie; und als sie ihnen die Hände aufgelegt hatten, entließen sie sie." Daraus können wir entnehmen, dass sich in einer geisterfüllten Versammlung, der Heilige Geist kundtut, Christen in ihren Berufungen freisetzt, Mut schenkt Christus zu bezeugen und für ihn auch zu leiden und uns „heiligt" d h uns Christus ähnlicher macht. Das Neue Testament, der neue Bund im Blut Jesu beinhaltet 1. Anbetung und 2. Charakterschulung. Und dies geschieht nur durch das Blut Jesu Christi Wir sind Kinder Gottes, durch seine Gnade, Jünger Jesu. Das sollen wir auch durch unser Leben zeigen, indem wir Buße tun und durch sein Blut gerechtfertigt werden! Autorität kommt durch Gehorsam: je mehr es um „unseren" Dienst geht, müssen wir Buße tun und ihm unseren Dienst abgeben. Alles ist Gnade. Deswegen sollen geistliche Leiter in der Kraft des Heiligen Geistes DIENEN, ihr altes Leben und falsche Haltungen abgeben und Jesus Christus ihr Leben weihen, damit sie ein reines Herz haben und ein intaktes Gebetsleben, damit man auch die Dämonen austreiben kann, die nur durch Gebet und Fasten ausgetrieben werden können. Damit meine ich nicht, dass man jeder dämonisierten Person hinterherrennt und sie Freisetzen will, denn die Person muss sich auch freiwillig für die Nachfolge Jesu entscheiden, da ist es besser nicht jeden Baum im Wald anzuhacken und dann gleich zum Nächsten zu springen. Wichtig ist : Liebe üben und im Gebet dranbleiben („Daran werden alle erkennen, dass ihr meine Jünger seid, wenn ihr Liebe untereinander habt."Joh 13:35) und Gemeinschaft mit Geschwistern haben, die einen im Glauben stärken, Worte der Weisheit haben und die einen fördern, für dich beten, sensibel sind für die Gaben des Geistes, die ihr eigenes Pfingsten erfahren haben und für dich beten, dass du brennend im Geist bist und das Feuer Gottes auch in anderen entfachst. Paulus schreibt selbst an Timotheus: "Aus diesem Grund erinnere ich dich, die Gnadengabe Gottes anzufachen, die in dir ist durch das Auflegen meiner Hände, denn Gott hat uns nicht einen Geist der Furcht gegeben, sondern der Kraft und Liebe und Besonnenheit." (2. Tim 1:6-7) „Wiederum sage ich euch: Wenn zwei von euch auf der Erde übereinkommen, irgendeine Sache zu erbitten, so wird sie ihnen werden von meinem Vater, der in den Himmeln ist. Denn wo zwei oder drei versammelt sind in meinem Namen, da bin ich in ihrer Mitte." (Mt 18:19-20) Gott ist ein Gott der Wunder wirkt, der Gebet erhört. Vielleicht nicht immer so, wie wir uns das vorstellen, aber meistens sieht man nach einer Zeit auf sein Leben zurück und sieht dann, dass Gott es gut gemacht hat, dass wir auch wenn unser Gebet nicht so erhört wurde, wie wir uns das vorstellten, es uns trotzdem etwas gebracht hat. Gott sagt uns manchmal auch, dass wir etwas nicht tun sollen zu unserem eigenen Schutz. Deswegen hat er uns die zehn Gebote gegeben. Sie sind ein Schutz vor dem Feind. Wenn wir uns an die Gebote halten, Gott von ganzem Herzen, mit unserer ganzen Seele und all unserer Kraft zu lieben und unseren Nächsten, wie uns selbst, dann kann Satan nicht mit Hass, Zwietracht und so weiter kommen um unsere Gemeinschaft zu zerstören. Und unsere Gemeinschaft ist im Namen des Vaters, des Sohnes und des Heiligen Geistes, Amen. Möge das Feuer der Liebe Gottes in uns brennen und mögen wir in der Liebe zu Gott und unserem Nächsten wachsen, damit die Welt erkennt, dass Gott, der Vater der Sohn und der Heilige Geist der lebendige, heilige Gott ist, der Herr der himmlischen Heerscharen, Herr Zebaoth ist sein Name, ein verzehrendes Feuer. Der Gott, der Mose im brennenden Dornbusch begegnete, der Gott, der zu Mose sagte: Zieh die Schuhe aus, denn der Ort auf dem du stehst ist heiliger Boden! Mögen wir auch unsere Herzen heiligen, damit Gott in uns „Heiligen Boden" wirkt, Amen.

In Jak 4:7-12 steht: "Unterwerft euch nun Gott! Widersteht aber dem Teufel! Und er wird vor euch fliehen. Naht euch Gott! Und er wird sich euch nahen. Säubert die Hände, ihr Sünder, und reinigt die Herzen, ihr Wankelmütigen! Fühlt euer Elend und trauert und weint; euer Lachen verwandle sich in Traurigkeit und eure Freude in Niedergeschlagenheit! Demütigt euch vor dem Herrn! Und er wird euch erhöhen. Redet nicht schlecht übereinander, Brüder! Wer über einen Bruder schlecht redet oder seinen Bruder richtet, redet schlecht über das Gesetz und richtet das Gesetz. Wenn du aber das Gesetz richtest, so bist du nicht ein Täter des Gesetzes, sondern ein Richter. Einer ist Gesetzgeber und Richter, der zu retten und zu verderben vermag. Du aber, wer bist du, der du den Nächsten richtest?" Ein evangelischer Pfarrer, der die Taufe im Heiligen Geist erfahren durfte, sagte sinngemäß: Bevor ich die Geistestaufe empfing, bereitete ich Predigten vor... Heute bereite ich mich selbst zum Predigen vor (bereinige mein Leben, bringe meine Beziehungen vor Gott in Ordnung – Klammer vom Autor selbst eingefügt). Quelle Ludwig

David Eisenlöffel – Ein Feuer auf Erden (1963), S. 132.

Und zum Thema Stufenchristentum: Uns Pfingstlern wird manchmal vorgeworfen, wir würden einem zwei- Stufenchristentum fröhnen, nämlich Christen erster Klasse (die, die den Heiligen Geist empfangen haben) und Christen zweiter Klasse (die den Heiligen Geist noch nicht erfahren haben, dem kann ich nur sagen: Dieser Ansatz ist biblisch: „ habt ihr den Heiligen Geist empfangen, als ihr gläubig wurdet?" Diese Frage stellte Paulus den Johannesjüngern in Ephesus in Apg 19:1-5. und auch die Evangelische und die Katholische Kirche lehrt, dass es zwei Stufen gibt, nämlich die Taufe, die als Wiedergeburt verstanden wird und die Konfirmation bzw bei der Katholischen Kirche die Firmung. Wir Pfingstler sind nur zu den urchristlichen Wurzeln der christlichen Lehre zurückgekehrt, nämlich der Reformation, der urchristlichen Taufpraxis, wo nur mündige Menschen getauft wurden, die sich für ein Leben in der Nachfolge Jesu Christi entschieden haben, die wir ja nicht allein haben sondern die ganze Täuferbewegung, wie die Mennoniten, Baptisten usw., der Heilungsbewegung, die die Auswirkungen des Kreuzes auch wieder auf die Erlösung des ganzen Menschen (auch auf die Heilung des Leibes) bezog, die Heiligungsbewegung, die die Erneuerung des ganzen Menschen in das Ebenbild Christi betont hat und das „sich aussondern" für Gott, damit sein Charakter auf uns abfärbt und wir in lebendiger Gemeinschaft mit dem dreieinigen Gott der Bibel leben und dann die klassische Pfingstbewegung, die all diese Punkte in sich vereint hat, mit dem Zusatz, dass sie die klassisch pfingstliche Lehre von der Geistestaufe mit dem Zungenreden als erstem Zeichen, dass man den Heiligen Geist empfangen hat, bezeugt und in der Regel auch erfahren hat. Und wenn nicht einfach Gott darum bitten. Er wird uns keine Schlange oder einen Skorpion geben. Gott ist der HERR. Er ist der Chef. Du glaubst an Gott? Der Teufel glaubt es auch und zittert Gott ist gut! Jesus Christus ist der Herr aller Herren und der König aller Könige und in seinem Namen werden sich beugen alle im Himmel, auf Erden und unter der Erde! Gepriesen sei der lebendige Gott, der Vater, der Sohn und der Heilige Geist, von Anbeginn der Zeit bis in alle Ewigkeit. Amen.

Gott bahnt einen Weg, wo keiner ist. Jesus Christus sagt: „Alles nun, was ihr wollt, dass euch die Menschen tun sollen, das tut ihr ihnen auch! Denn darin bestehen das Gesetz und die Propheten. Geht hinein durch die enge Pforte! Denn weit ist die Pforte und breit der Weg, der zum Verderben führt, und viele sind, die auf ihm hineingehen. Denn eng ist die Pforte und schmal ist der Weg, der zum Leben führt, und wenige sind, die ihn finden." (Mt 7:12-14) „Bittet, und es wird euch gegeben werden; sucht, und ihr werdet finden; klopft an und es wird euch geöffnet werden! Denn jeder Bittende empfängt, und der Suchende findet, und dem Anklopfenden wird geöffnet werden. Oder welcher Mensch ist unter euch, der, wenn sein Sohn ihn um ein Brot bittet, ihm einen

Stein geben wird? Und wenn er um einen Fisch bittet, wird er ihm eine Schlange geben? Wenn nun ihr, die ihr böse seid euren Kindern gute Gaben zu geben wisst, wie viel mehr wird euer Vater, der in den Himmeln ist, Gutes geben denen, die ihn bitten." (Mt 7:7-11) Gott lädt uns ein, in seine heilige Gegenwart zu kommen und uns mit Frieden, Kraft, Heilung, Befreiung und Versorgung zu beschenken. Gott ist gut!!! Er lädt uns ein: „Wer anklopft dem wird geöffnet werden." Das wird auch im Gleichnis vom großen Gastmahl deutlich in Luk 14:15-24: „Als aber einer von denen, die mit zu Tische lagen, dies hörte, sprach er zu ihm: Glückselig, wer essen wird im Reich Gottes! Er aber sprach zu ihm: Ein Mensch machte ein großes Gastmahl und lud viele ein. Und er sandte seinen Knecht zur Stunde des Gastmahls, um den Eingeladenen zu sagen: Kommt! Denn schon ist alles bereit. Und sie fingen alle ohne Ausnahme an, sich zu entschuldigen. Der erste sprach zu ihm: Ich habe einen Acker gekauft und muss unbedingt hinausgehen und ihn besehen; ich bitte dich, halte mich für entschuldigt. Und ein anderer sprach: Ich habe fünf Joch Ochsen gekauft, und ich gehe hin, sie zu erproben; ich bitte dich, halte mich für entschuldigt. Und ein anderer sprach: Ich habe eine Frau geheiratet, und darum kann ich nicht kommen. Und der Knecht kam herbei und berichtete dies seinem Herrn. Da wurde der Hausherr zornig und sprach zu seinem Knecht: Geh schnell hinaus auf die Straßen und Gassen der Stadt und bringe die Armen und Krüppel und Blinden und Lahmen hier herein! Und der Knecht sprach: Herr es ist geschehen, wie du befohlen hast, und es ist noch Raum. Und der Herr sprach zu dem Knecht: Geh hinaus auf die Wege und an die Zäune und nötige sie hereinzukommen, dass mein Haus voll wird! Denn ich sage euch, dass nicht einer jener Männer, die eingeladen waren, an meinem Gastmahl teilnehmen wird."

Das ist auch ein Grund für die rege Missionstätigkeit der Pfingstler: Da gibt es die „Volksmission entschiedener Christen", die 1988 korporatives Mitglied im Bund Freikirchlicher Pfingstgemeinden Kdör wurde. Ihr Gründer Karl Fix hatte allerdings bestritten zur Pfingstbewegung zu gehören, obwohl er unter dem Pfingstprediger Emil Meyer eine vollständige Heilung seiner Leberzirrhose erfuhr, in der pfingstkirchlichen „Strandmission" unter Emil Meyer mitarbeitete und eine Pfingstkirchliche Theologie vertrat. Er gab 1951 den Vorsitz der Volksmission entschiedener Christen an Karl Keck ab, den er auch als Kontaktmann zur (vorläufigen) Arbeitsgemeinschaft freikirchlicher Pfingstgemeinden, aus der sich später der Bund Freikirchlicher Pfingst- gemeinden entwickelte, einsetzte, wie ich dem Buch von Ludwig David Eisenlöffel „Die Freikirchliche Pfingstbewegung in Deutschland – Innenansichten 1945-1985"(S.101) entnehmen konnte. Es ist sehr lesenswert, wenn man sich für die Geschichte des Bundes Freikirchlicher Pfingstgemeinden KdöR und der verschiedenen pfingstlichen Strömungen interessiert. Zum BFP gehört auch die ehemalige Velberter Mission, die jetzt V-M international heißt, die Gefangenenmission „Licht im Dunkel" und der

AVC (das Aktionskomitee verfolgter Christen). Das Leben als Christ der Pfingstbewegung ist nicht immer leicht: Ja, so ist das, wenn man Jesus Christus als Herrn anerkennt: Am Kreuz scheiden sich halt die Geister. Der Apostel Johannes drückte es so aus im 1. Joh 4:1-6: „Geliebte, glaubt nicht jedem Geist, sondern prüft die Geister, ob sie aus Gott sind! Denn viele falsche Propheten sind in die Welt hinausgegangen. Hieran erkennt ihr den Geist Gottes: Jeder Geist, der Jesus Christus, im Fleisch gekommen, bekennt (ich würde sogar sagen: Jeder Geist, der sich zur gesamten Heiligen Schrift des Alten und Neuen Testaments und zur Dreieinigkeit des lebendigen Gottes bekennt und Jesus Christus, dem Sohn Gottes, wahrer Mensch und wahrer Gott, dem fleischgewordenen Wort das im Anfang bei Gott war und selbst Gott war, der sich selbst entäußerte und Knechtsgestalt annahm und alles durchlebte, wie wir nur ohne Sünde und dann sich selbst hingab um für unsere Rettung den unvorstellbar grausamen Tod am Kreuz zu sterben, nachfolgen will), ist aus Gott; und jeder Geist, der nicht Jesus bekennt, ist nicht aus Gott; und dies ist der Geist des Antichrists, von dem ihr gehört habt, dass er kommt, und jetzt ist er schon in der Welt. Ihr seid aus Gott, Kinder, und habt sie überwunden, weil der, welcher in euch ist, größer ist, als der, welcher in der Welt ist. Sie sind aus der Welt, deswegen reden sie aus dem Geist der Welt, und die Welt hört sie. Wir sind aus Gott; wer Gott erkennt, hört uns; wer nicht aus Gott ist, hört uns nicht. Hieraus erkennen wir den Geist der Wahrheit und den Geist des Irrtums." Wir dürfen die Dunkelheit nicht fürchten, sondern wir müssen ein Licht anzünden. Gottes Gnade ist jeden Morgen neu!!! Wir können jeden Tag mit Jesus leben und es lohnt sich: Mit Gott ist jeder Tag ein Abenteuer, eine Herausforderung: täglich in der Liebe zu Gott und dem Nächsten zu wachsen, tägliche „stille Zeit" in der man die Sorgen des Alltags beiseiteschiebt, sich wieder neu auf Jesus ausrichtet, ihm vertraut, dass er alles in seinen Händen hält, Glaube investieren, seinen Lieben vielleicht eine Freude macht, Gebetsspaziergänge, Gott über der Schöpfung preisen, seinen Sieg am Kreuz proklamieren (aussprechen, bekennen), über der Stadt, über dem Land. Proklamieren, dass Gott groß ist, dass Jesus Christus der Sieger über Sünde, Satan, Tod ist. Bibelstellen proklamieren. Die Bibel betend lesen und wenn ein Vers für dich ist, wenn Gott zu dir redet: Ein Wort, eine Verheißung, dann nimm sie für dich in Anspruch, sprich sie laut aus, bekenne sie, stell dich drauf. Wenn der Teufel wieder versucht, dir Zweifel einzureden, bekenne dich vor der sichtbaren und der unsichtbaren Welt, dass diese Verheißung jetzt dir ist und dass du zu Jesus Christus gehörst für Zeit und Ewigkeit. Amen

Kapitel 17: Thema „Gemeinde" und ein paar Erlebnisse mit Gott (inklusive meiner Geistestaufe*)

*Das Zeugnis meiner Geistestaufe war meine subjektive Erfahrung! Bei anderen machte sie sich meist durch ein durchströmt werden mit Liebe und Glossolalie bemerkbar. Glossolalie ist das Reden in Sprachen, die man vorher nicht gelernt hat, die aber dem Wesen nach echte Sprachen sind. Mit Punkt und Komma, Interpunktion und Grammatik. Zeichen und Wunder des lebendigen Gottes. In dem Buch „Ein Feuer auf Erden" von Ludwig David Eisenlöffel sind noch mehr Zeugnisse, wie Leute den Heiligen Geist empfangen haben.

Die Gemeinde ist das Volk Gottes, das durch das Blut Jesu teilhaftig wurde am Segen Abrahams, die aus Sünde und Welt, aus dem Herrschaftsbereich Satans herausgerufen wurde. Man kann auch sagen: Gemeinde ist die Gemeinschaft, der aus Sünde erlösten. Es gibt im Hinblick auf Israel folgendes Wort des Apostel Paulus: „Ich sage nun: Hat Gott etwa sein Volk verstoßen? Auf keinen Fall! Denn auch ich bin ein Israelit aus der Nachkommenschaft Abrahams, vom Stamm Benjamin. Gott hat sein Volk nicht verstoßen, dass er vorher erkannt hat. Oder wisst ihr nicht, was die Schrift bei Elia sagt? Wie er vor Gott auftritt gegen Israel: >> Herr, sie haben deine Propheten getötet, deine Altäre niedergerissen, und ich allein bin übriggeblieben, und sie trachten nach meinem Leben. << Aber was sagt ihm die göttliche Antwort? >>Ich habe mir siebentausend übrigbleiben lassen, die vor Baal nicht das Knie gebeugt haben. << So ist nun auch in der jetzigen Zeit ein Rest nach Auswahl der Gnade entstanden. Wenn aber durch Gnade, so nicht mehr aus Werken; sonst ist die Gnade nicht mehr Gnade. Was nun? Was Israel sucht, das hat es nicht erlangt; aber die Auswahl (d h die Auserwählten laut Elberfelder Bibel) hat es erlangt, die Übrigen jedoch sind verstockt worden, wie geschrieben steht: >> Gott hat ihnen einen Geist der Schlafsucht gegeben, Augen, um nicht zu sehen, und Ohren, um nicht zu hören, bis auf den heutigen Tag.<< Und David sagt: >> Es werde ihr Tisch ihnen zur Schlinge und zur Falle und zum Anstoß und zur Vergeltung! Verfinstert seien ihre Augen, um nicht zu sehen, und ihren Rücken beuge allezeit! <<

Ich sage nun: Sind sie etwa gestrauchelt, damit sie fielen? Auf keinen Fall! Sondern durch ihren Fall ist den Nationen das Heil geworden, um sie zur Eifersucht zu reizen. Wenn aber ihr Fall der Reichtum der Welt ist und ihr Verlust der Reichtum der Nationen, wie viel mehr ihre Vollzahl! Denn ich sage euch, den Nationen: insofern ich nun der Nationen Apostel bin, bringe ich meinen Dienst zu Ehren, ob ich auf irgendeine Weise sie, die mein Fleisch sind, zur Eifersucht reize und einige aus ihnen rette. Denn, wenn ihre Verwerfung die Versöhnung der Welt ist, was wird die Annahme anderes sein, als Leben aus den Toten? Wenn aber das Erstlingsbrot heilig ist, so auch der Teig, und wenn die Wurzel heilig ist, so auch die Zweige. Wenn aber einige der Zweige herausgebrochen worden sind und du, der du ein wilder Ölbaum warst, unter sie eingepfropft und der Wurzel und der Fettigkeit des Ölbaums mit teilhaftig geworden bist, so rühme dich nicht gegen die Zweige! Wenn du dich aber gegen sie rühmst – du trägst nicht die Wurzel, sondern die Wurzel dich. Du wirst nun sagen: Die Zweige sind herausgebrochen worden, damit ich eingepfropft wurde. Richtig; sie sind herausgebrochen worden durch den Unglauben; du aber stehst durch den Glauben. Sei nicht hochmütig, sondern fürchte dich! Denn wenn Gott die natürlichen Zweige nicht geschont hat, wird er auch dich nicht schonen." (Röm 11:1-21)

Gemeinde ist der Leib Christi. Damit ist erstens die Gesamtheit aller Gläubigen von dem ersten Pfingstfest an bis zur Entrückung gemeint und zweitens die Ortsgemeinde, die auch Versammlung heißt, das Haus Gottes. Zentrum des pfingstkirchlichen Gemeindelebens ist der Gottesdienst, in dem Lobpreis und Anbetung, Raum für persönliche Zeugnisse/ Erlebnisberichte mit dem Dreieinigen Gott der Bibel sind, Geistesgaben, wie prophetische Rede, Zungenrede mit Auslegung, Heilungen etc wirksam werden, und die Predigt, die den Glauben stärken soll. In Pred 4:17- 5:2 steht: „Bewahre deinen Fuß, wenn du zum Haus Gottes gehst! Und: Herantreten um zu hören, ist besser, als wenn die Toren Schlachtopfer geben; denn sie sind Unwissende, sodass sie Böses tun. Sei nicht vorschnell mit deinem Mund, und dein Herz eile nicht, ein Wort vor Gott hervorzubringen! Denn Gott ist im Himmel und du auf der Erde; darum seien deine Worte wenige." Wir müssen aufpassen, dass unsere Lampen nicht erlöschen. Deswegen brauchen wir den Heiligen Geist. Er ist das Öl für unsere Lampen. Der Heilige Geist ist auch der Geist der Weisheit und der Offenbarung.(Eph 1:15-23)

„Deshalb höre auch ich, nachdem ich von eurem Glauben an den Herrn Jesus und von eurer Liebe zu allen Heiligen gehört habe, nicht auf, für euch zu danken, und ich gedenke euer in meinen Gebeten, dass der Gott unseres Herrn Jesus Christus, der Vater der Herrlichkeit, euch gebe den Geist der Weisheit und Offenbarung in der Erkenntnis seiner selbst. Er erleuchte die Augen eures Herzens, damit ihr wisst, was die Hoffnung seiner Berufung, was der Reichtum der Herrlichkeit seines Erbes in den Heiligen und was die überragende Größe seiner Kraft an uns, den Glaubenden ist, nach der Wirksamkeit der Macht seiner Stärke. Die hat er in Christus wirksam werden lassen, indem er ihn aus den Toten auferweckt und zu seiner Rechten in der Himmelswelt gesetzt hat, hoch über jede Gewalt und Macht und Kraft und Herrschaft und jeden Namen, der nicht nur in diesem Zeitalter, sondern auch in dem zukünftigen genannt werden wird. Und alles hat er seinen Füßen unterworfen und ihn als Haupt über alles der Gemeinde gegeben, die sein Leib ist, die Fülle dessen, der alles in allen erfüllt."

Jesus Christus ist das Haupt der Gemeinde, die sein Leib ist. „Deswegen ließ ich dich in Kreta zurück, damit du, was noch mangelte, in Ordnung bringen und in jeder Stadt Älteste einsetzen solltest, wie ich dir geboten habe."

(Tit 1:5)

Gott sieht dein Herz, er sieht, ob du begeistert von Jesus Christus bist. In einer BFP- Gemeinde kannst du Mitglied werden, wenn du dich für Jesus Christus entschieden hast und dich im Gehorsam zu seinem Wort taufen hast lassen. Wir Pfingstler vertreten die Glaubenstaufe, so wie sie in der Bibel beschrieben ist: Also zuerst Buße und Umkehr, dann Taufe, dann Geistestaufe. Manchmal geschieht die Geistestaufe gleichzeitig mit der Bekehrung, wie im Hause des Kornelius, wo der Heilige Geist auf die Heiden im Hause des Kornelius kommt während Petrus predigt, manchmal bei der Taufe, wie bei Jesus Christus. Die Taufe im Heiligen Geist ist nicht das Ende, es ist der Anfang eines tieferen Erlebens, des in uns wohnenden Christus. Eine Bevollmächtigung zum Zeugendienst, das Evangelium in der Kraft des Heiligen Geistes zu verkünden, BFP, das ist für mich: das Teil sein in einem größeren Ganzen, in einer Familie des Glaubens, wo man sich auch mal reibt („Eisen wird durch Eisen geschärft, und ein Mann schärft das Angesicht seines Nächsten" - Spr 27:17), aber auch Gemeinsam im Glauben wächst, die Freude christliche Nächstenliebe zu empfangen und weiterzugeben. Gottes Liebe zu empfangen und weiterzugeben, und jeden Tag mit Jesus zu erleben. Ich bin jetzt seit 18 Jahren Christ und Teil einer pfingstlichen BFP- Gemeinde und habe viele Wunder Gottes mit eigenen Augen gesehen und am eigenen Leib erfahren bzw in meiner Familie und meinem näheren Umfeld. Einmal wurde ich zusammengetreten, weil ich im betrunkenen Zustand die Freundin eines aggressiven Mannes mit seinem Freund angesprochen habe. Ich bin dann einfach weitergegangen und die beiden sind mir mit Anlauf in den Rücken gesprungen. Dann hat es gekracht und ich hatte starke Schmerzen. Jesus sagte mir, ich soll die linke Wange hinhalten, Er würde mich heilen! Das tat ich dann auch: Ich lief weiter, ohne mich umzudrehen. Sie nahmen weiter Anlauf und sprangen mir in den Rücken. Beim dritten Mal wich ich aus und mein Gegner landete unter lautem Fluchen auf dem Boden. Irgendwann ließen sie von mir ab und ich klagte dem dreieinigen Gott der Bibel mein Leid und er sagte mir wieder, dass er mich heilen würde (ich hatte stärkere Schmerzen im Rücken). Eines Tages (etwa zwei Wochen später) fuhr ich mit Geschwistern zu einem Heilungsgottesdienst in Heidelberg. Während der Lobpreiszeit wirkte der Heilige Geist mächtig. Ich spürte eine warme Kraft an meinem Rücken und meine Schmerzen verschwanden. Seitdem bin ich geheilt und habe keine

Probleme mehr. Ein anderes Mal hatte ich bei der Arbeit in einem Sozialkaufhaus erste Symptome einer Mandelentzündung. Ich befahl der Mandelentzündung in Jesu Namen zu gehen und die Symptome verschwanden schlagartig!!! Ein anderes Mal hatte ich wieder Mandelentzündung entschied mich aber sonntags doch in den Gottesdienst zu gehen, denn in der Gemeinde wurde uns gesagt, wenn wir krank sind, sollten wir in den Gottesdienst kommen (das war vor der Corona – Pandemie). Ich ging also in die Gemeinde und sah unten den Kindergottesdienst der Freien Christengemeinde und aus Neugier ging ich in den Kindergottesdienst. Ich fragte ein kleines Mädchen, ob sie für mich beten kann, weil ich Halsschmerzen habe. Sie betete für mich und nach einer halben Stunde waren die Halsschmerzen verschwunden. Meine Geistestaufe bekam ich mit 18 Jahren (heute bin ich 38). Ich besuchte den Alphakurs der FCG (Freie Christengemeinde), einen Glaubensgrundkurs und eines Tages war das Thema „Heiliger Geist". Es wurde dann für uns „Glaubensanfänger" gebetet und danach gingen wir nach Hause. Zu Hause legte ich mich hin und betete noch ein bisschen auf einmal stiegen so Silben in mir hoch, die mir unendliche Freude bereiteten („Jallalala Kallala Jallalala Shallalala Ballalala Hallalala" so ungefähr und das ist jetzt eine richtige Sprache!!! Damals war das nur der Beginn von etwas großartigem, was sich nur unser Schöpfer ausdenken konnte). Zum Thema „Zungenrede" kann ich das Buch von John L. Sherrill „Sie sprechen in anderen Zungen" empfehlen, der Reporter für die Guideposts ist (war, denn das Buch ist aus den 60ern des letzten Jahrhunderts) und von einem Verlag den Auftrag bekommt, das Phänomen der Zungenrede wissenschaftlich zu untersuchen. Er legt Tonbandaufnahmen von Zungenrede Sprachwissenschaftlern vor, die zwar keine der Zungen erkennen, aber feststellen, dass es dem Wesen nach echte Sprachen sind mit Interpunktion und Grammatik. Einem Sprachwissenschaftler ist aufgefallen, dass die Zungenrede, die er gehört hat, einem modernen Gedicht gleicht. Gott ist ein wunderbarer Gott. „Und auch diese wanken vom Wein und taumeln vom Rauschtrank: Priester und Prophet wanken vom Rauschtrank, sind verwirrt vom Wein, taumeln vom Rauschtrank. Sie wanken beim weissagen, torkeln beim Rechtsprechen. Denn alle Tische sind voll Unflat und Erbrochenem, dass kein Platz mehr da ist. Wen will er Erkenntnis lehren und wem die Botschaft verständlich machen? Kindern, die von der Milch entwöhnt, die von den Brüsten abgesetzt sind? Denn er sagt: Zaw la zaw, zaw la zaw, kaw la kaw, kaw la kaw; hier ein wenig, da ein wenig! Ja, durch stammelnde Lippen und durch eine fremde Sprache wird er zu diesem Volk reden, er, der zu ihnen sprach: Das ist die Ruhe! Schafft Ruhe dem Erschöpften! Und das ist die Erquickung! Aber sie wollten nicht hören."

(Jes 28:7-12)

Es ist also wichtig, ganze Sache mit Gott zu machen (Prophetie deckt Missstände auf), und alle Hindernisse zwischen Gott und uns aus dem Weg zu räumen und Gott mit unserem ganzen Wesen zu suchen und uns mit unserem ganzen Wesen nach ihm ausstrecken. Dann werden wir ihn erfahren. Nicht nur von ihm hören, dann werden wir dem lebendigen Gott begegnen. Seid gesegnet und fruchtbar im Geist! Im Namen des Vaters, des Sohnes und des Heiligen Geistes, Amen.

Literaturverzeichnis

Giese, Ernst (1987): Und flicken die Netze.... Ernst Franz Verlag, Ort. 2. Auflage

Liardon, Roberts (1996): Gottes Generäle – Warum sie Erfolg hatten und warum einige scheiterten... Ruach Verlag – Koch & Sohn GbR, Musikantenstr. 11 D – 31737 Rinteln

Mathias Nell (2015): Vom Werden des Alten Testaments: Eine biblisch-historische Spurensuche, S. 59-86 in: Der Gott der uns nicht passt- Beiträge zum Verstehen des Alten Testaments" 3. ergänzte Auflage Herausgegeben vom Forum Theologie & Gemeinde des Bundes Freikirchlicher Pfingstgemeinden KdöR, Industriestr. 6-8, 64390 Erzhausen

Theologischer Ausschuss des BFP: „Die fundamentalen Wirkungen des Heiligen Geistes auf das Leben des Menschen" veröffentlicht in „Der Auftrag bleibt- Der Bund Freikirchlicher Pfingstgemeinden auf dem Weg ins dritte Jahrtausend" 3. Auflage, S.350, 2023

Ludwig, David Eisenlöffel: Die Freikirchliche Pfingstbewegung in Deutschland – Innenansichten 1945-1985. V&R unipress in Göttingen

Guy P. Duffield, Nathaniel M. Van Cleave: Grundlagen Pfingstlicher Theologie (2003) Verlag Gottfried Bernard, Heidstr. 2a, 42719 Solingen

Ludwig, David Eisenlöffel: Ein Feuer auf Erden – Einführung in Lehre und Leben der Pfingstbewegung 1963 Leuchter- Verlag, Erzhausen

Printed by Books on Demand GmbH, Norderstedt / Germany